中国上市公司股权激励有效性研究

王 栋 著

中国财经出版传媒集团
中国财政经济出版社
北京

图书在版编目（CIP）数据

中国上市公司股权激励有效性研究 / 王栋著. —— 北京：中国财政经济出版社，2024.1
ISBN 978 - 7 - 5223 - 2670 - 2

Ⅰ.①中… Ⅱ.①王… Ⅲ.①上市公司－企业管理－激励－研究－中国 Ⅳ.①F279.246

中国国家版本馆 CIP 数据核字（2024）第 013836 号

责任编辑：彭　波　　　　责任印制：史大鹏
封面设计：卜建辰　　　　责任校对：张　凡

中国上市公司股权激励有效性研究
ZHONGGUO SHANGSHI GONGSI GUQUAN JILI YOUXIAOXING YANJIU

中国财政经济出版社 出版

URL：http://www.cfeph.cn
E-mail：cfeph@cfeph.cn

（版权所有　翻印必究）

社址：北京市海淀区阜成路甲 28 号　邮政编码：100142
营销中心电话：010 - 88191522
天猫网店：中国财政经济出版社旗舰店
网址：https://zgczjjcbs.tmall.com
中煤（北京）印务有限公司印刷　各地新华书店经销
成品尺寸：170mm×240mm　16 开　13 印张　158 000 字
2024 年 1 月第 1 版　2024 年 1 月北京第 1 次印刷
定价：78.00 元
ISBN 978 - 7 - 5223 - 2670 - 2
（图书出现印装问题，本社负责调换，电话：010 - 88190548）
本社质量投诉电话：010 - 88190744
打击盗版举报热线：010 - 88191661　QQ：2242791300

前　言

2005年末，证监会颁布《上市公司股权激励管理办法（试行）》，这标志着中国的股权激励制度正式实施。一方面，股权激励可能成为最优契约的一种体现，它可以减轻代理冲突，将委托人和代理人的利益趋于一致；另一方面，股权激励还可能成为管理者权力理论的一种体现，反映高管的机会主义行为。股权激励作为国外发展相对成熟的制度和机制，引入中国后能否发挥其有效性是一个值得研究的问题。

本书以股权激励管理办法实施以来推出股权激励方案的公司为样本，以信息不对称理论、古典代理理论和不完全合约理论为理论基础，采用规范分析和实证分析相结合的研究方法，从股权激励的激励效应和股权激励中的机会主义行为两个角度，研究我国现行股权激励制度。从最优契约理论的角度，本书通过利益协同激励和风险承担激励两个方面考察股权激励制度对公司风险承担、投资政策、财务政策以及公司经营集中度的影响，剖析股权激励所起到的正面激励效应，并进一步分析了风险承担激励可以改善公司的资源配置效率。从管理者权力理论的视角，分析了高管股权激励中的机会主义行为，包括股权激励中的盈余管理问题以及操纵财务会计政策的问题。本书主要包括以下几个部分：

首先，本书考察了股权激励对风险承担的影响。分别以高管财富—股票价格敏感性（Delta）和高管财富—股票收益波动率敏感性（Vega）来度量利益协同效应和风险承担效应，实证检验了股权激励与企业风险承担水平和政策选择之间的关系。研究结果表明，Vega 与公司风险承担水平、经营集中度和资产负债率显著正相关，Delta 与 R&D 投资显著正相关。进一步分析发现，激励公司的风险承担改善了资本配置效率，但是这种改善主要体现在民营企业而非国有企业中。

其次，本书考察了股权激励制度对盈余质量的影响，股权激励可能会诱发高管的盈余操纵动机。中国于 2006 年推行了业绩型股权激励制度，股票期权行权或限制性股票的解锁是以高管完成规定的业绩门槛为条件。高管薪酬与会计业绩直接挂钩，但会计业绩在很大程度上又受会计行为的影响，因此，高管可能会通过操纵会计业绩来实现自身收益最大化。再加上中国的业绩型股权激励采取多期行权或解锁的方式，使得高管有更强的动机操纵盈余，进而导致盈余质量的下降。本书用双差分方法研究了中国上市公司股权激励与盈余质量之间的关系，发现实施股权激励的公司其盈余质量会下降，原因是股权激励降低了上市公司盈余的信息含量和损失确认的及时性。

再次，本书考察了股权激励制度对资产减值准备的影响。本书研究了实施业绩型股权激励的公司在方案公告前通过大规模计提资产减值进行盈余操纵的行为。实证结果发现，在公告前一年或当年激励公司资产减值计提较高；资产减值变化有逆转的特性，且正资产减值变化逆转的速度更快。但在公告前一年或当年，为了降低基准年度的业绩，如果前一年度资产减值的增幅较大，激励公司会继续将资产减值的变化维持在一个较高的水平上，即正资产减值变化逆转的速度被减缓，管理层则通过流动资产减值而非长期资产减值进行盈余操纵。

最后，本书考察了股权激励制度对业绩平滑的影响。与国外标准股权激励不同的是，中国的股权激励包含业绩条款，并采用分期行权解锁安排，这有可能导致高管进行盈余操纵。本书利用双重差分方法实证检验了激励公司收益平滑程度在股权激励公告前后的变化，发现激励公司的收益平滑程度变高，这说明在股权激励有效期内，当业绩较高时激励公司会隐藏利润，为以后的解锁行权留有余地；当业绩较差时，会提高绩效以尽量满足行权解锁条件。

目　　录

第一章　绪论 …………………………………………………… 1

　　第一节　问题的提出 ………………………………………… 2

　　第二节　研究方法和研究思路 ……………………………… 11

　　第三节　研究内容与创新点 ………………………………… 14

第二章　相关文献回顾和评述 ………………………………… 19

　　第一节　合约理论 …………………………………………… 20

　　第二节　最优契约理论框架下的股权激励合约 …………… 27

　　第三节　管理层权力理论框架下的股权激励合约 ………… 31

　　第四节　文献评述 …………………………………………… 39

第三章　股权激励有效性的理论分析 ………………………… 43

　　第一节　股权激励的动因分析 ……………………………… 44

　　第二节　股权激励的激励效应 ……………………………… 47

　　第三节　股权激励中的机会主义 …………………………… 51

　　第四节　股权激励影响公司行为的理论分析 ……………… 56

第四章　股权激励对风险承担的影响研究⋯⋯⋯⋯⋯⋯⋯61

第一节　理论分析和研究假设⋯⋯⋯⋯⋯⋯⋯⋯⋯　63
第二节　研究设计⋯⋯⋯⋯⋯⋯⋯⋯⋯⋯⋯⋯⋯　67
第三节　实证检验结果⋯⋯⋯⋯⋯⋯⋯⋯⋯⋯⋯　77
第四节　本章小结⋯⋯⋯⋯⋯⋯⋯⋯⋯⋯⋯⋯⋯　88

第五章　业绩型股权激励对盈余质量的影响研究⋯⋯⋯⋯⋯⋯　91

第一节　理论分析和研究假设⋯⋯⋯⋯⋯⋯⋯⋯⋯　92
第二节　研究设计⋯⋯⋯⋯⋯⋯⋯⋯⋯⋯⋯⋯⋯　97
第三节　实证分析⋯⋯⋯⋯⋯⋯⋯⋯⋯⋯⋯⋯⋯　101
第四节　本章小结⋯⋯⋯⋯⋯⋯⋯⋯⋯⋯⋯⋯⋯　111

第六章　业绩型股权激励、盈余操纵与资产减值⋯⋯⋯⋯⋯⋯　113

第一节　理论分析和研究假设⋯⋯⋯⋯⋯⋯⋯⋯⋯　114
第二节　研究设计⋯⋯⋯⋯⋯⋯⋯⋯⋯⋯⋯⋯⋯　119
第三节　实证检验⋯⋯⋯⋯⋯⋯⋯⋯⋯⋯⋯⋯⋯　129
第四节　本章小结⋯⋯⋯⋯⋯⋯⋯⋯⋯⋯⋯⋯⋯　142

第七章　业绩型股权激励对收益平滑的影响研究⋯⋯⋯⋯⋯⋯　145

第一节　理论分析和研究假设⋯⋯⋯⋯⋯⋯⋯⋯⋯　146
第二节　研究设计⋯⋯⋯⋯⋯⋯⋯⋯⋯⋯⋯⋯⋯　148
第三节　实证检验⋯⋯⋯⋯⋯⋯⋯⋯⋯⋯⋯⋯⋯　155
第四节　本章小结⋯⋯⋯⋯⋯⋯⋯⋯⋯⋯⋯⋯⋯　166

第八章 研究结论及展望 …… 169

　　第一节　研究结论和政策建议 …… 170

　　第二节　进一步研究的方向 …… 175

参考文献 …… 178

中国上市公司股权激励
有效性研究
Chapter 1

第一章 绪 论

所有权和控制权的分离是一系列关于公司治理和公司金融学术研究的起源。面对公司内部人和出资人的利益冲突，有两种方式可以减轻内部人的道德风险：一是采取基于经理人绩效的激励机制，在一定程度上将内部人的激励和出资人的利益挂钩；二是股东和债务人对内部人实行监督。如何设置一个有效的薪酬合约是理论界争论的焦点，委托人对代理人的偏好函数以及外部冲击（扰动）的分布函数不具有完备的知识，这就意味着签订一个完全合约是不可能的。股权激励合约会因受到信息不对称和代理人机会主义行为的影响而偏离代理人的目标。因此，股权激励是否发挥了有效性是一个值得研究的问题。

第一节 问题的提出

一、研究背景

（一）现实背景

股权激励是指上市公司以本公司股票为标的，对其董事、监事、高级管理人员及其他员工进行的长期性激励。股权激励起源于20世纪50年代的美国，但是直至20世纪70年代末期，股权激励所占比例都是相当的少。20世纪80年代英、美企业开始大量授予高管股票和期权，使高管财富和公司股价（绩效）直接挂钩。随着期权薪酬的大量使用，CEO的薪酬总额呈爆发式增长，股权薪酬成为高管薪酬组成中最重要的组成部分。股权激励计划在美国、日本、英国以及其他欧洲国家得到了广泛的发展并取得了良好的效果。据人力资源咨询公司翰威特（Hewitt）的调查表明，年收入100亿美元以上的公司最高管理层股权激励占全部薪酬的比重，从1985年的19%上升至2010年的65%。在美国前500强企业中，80%的企业采取了以股票期权为主的股权激励计划。弗里德曼和詹特（Frydman and Jenter，2010）统计指出，2000年之后股权薪酬占总薪酬的比例稳定在60%，现金薪酬大幅下降，占比不到40%。

我国关于股权激励的尝试开始于股权分置改革，股权分置改革为公司回购股票以及高管转让其所持有的本公司股票扫清了障碍，但这一轮的股权激励方案只是股权分置改革方案的一部分，仍存在很多的不规范性。2005年12月31日，证监会颁布了《上市公司股权激励管理办法（试行）》，为股权激励提供了政策指引。随后，国务院国资委和财政部分别于2006年1月和2006年9月发布了《国有控股上市公司（境外）实施股权激励试行办法》和《国有控股上市公司（境内）实施股权激励试行办法》的通知，并于2008年10月21日对上述办法进行了补充，颁布了《关于规范国有控股上市公司实施股权激励制度有关问题的通知》，对国有企业的股权激励提出了更严格的要求。证监会也于2008年陆续推出《股权激励有关事项备忘录1号》《股权激励有关事项备忘录2号》和《股权激励有关事项备忘录3号》三个文件，对股权激励中出现的问题进行了规范。

如图1.1所示，股权激励始于公告日，公司将股权激励草案（修订案）上报股东大会批准。证监会备案后，在授予日授予高管期权或股票。在授予日和可行权或解锁日之间是等待期或禁售期。根据所设置的业绩条件，如果度过了等待期，股权激励就可以开始行权。每一个行权期都有一个业绩条件，如果公司业绩条件达到了行权或解锁的标准，被授予人才可以申请行权；如果业绩条件不满足，该期股票期权将被取消，获授的限制性股票由公司回购。

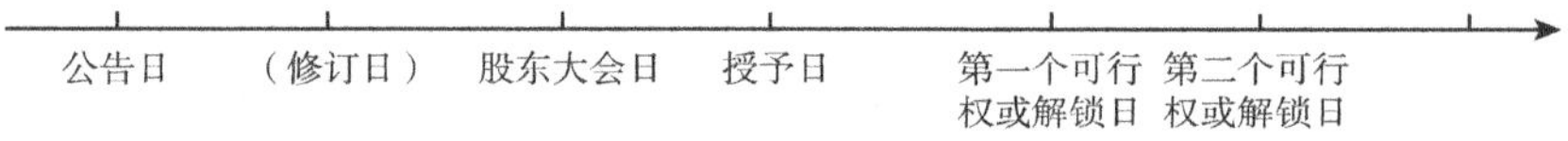

```
————————————————————————————————————▶
公告日   (修订日)   股东大会日   授予日   第一个可行    第二个可行
                                        权或解锁日   权或解锁日
```

图 1.1 股权激励计划的实施过程

考虑到股权激励方案公告之后的行权（或解锁）情况，以及在计算盈余管理、业绩平滑的研究中，需要以公告日为基准年，获得 T+1 和 T+2 的数据，因此本研究所使用的样本公司为截至 2012 年 12 月 31 日公布股权激励计划的公司，而年度区间为 2006~2014 年。截至 2012 年 12 月 31 日，共有 385 家公司公布了 438 个股权激励计划草案。表 1.1 提供了股权激励草案和公司的年份分布情况。由表 1.2 可以看出，由于期权的激励强度更高，大部分方案（299 个，占总样本的 69.3%）的激励标的物为股票期权，有 116 个方案的标的物为限制性股票，占总样本的 26.5%，有 21 个方案包含了两种标的物。表 1.3 显示，中小板和创业板公司公布的方案占方案总数的 62.3%，这说明高成长公司更愿意进行股权激励。表 1.4 显示，激励公司大都为民营企业（302 家），有 34 家地方国企和 37 家央企公布了激励方案。

表 1.1   公布股权激励草案的分布

年份	公司数	方案数	百分比（%）	年份	公司数	方案数	百分比（%）
2006	41	41	9.4	2010	61	76	17.4
2007	13	13	3.0	2011	116	125	28.5
2008	57	60	13.7	2012	77	97	22.1
2009	20	26	5.9	总计	385	438	100

资料来源：本研究整理。

表 1.2   激励标的物类型分布

标的物类型	方案数	百分比（%）	标的物类型	方案数	百分比（%）
限制性股票	116	26.5	股票期权限制性股票	17	3.9
股票期权	299	69.3	股票期权股票增值权	4	0.9
股票增值权	2	0.5	总计	438	100

资料来源：本研究整理。

表1.3　　　　　股权激励公司的股市板块分布

板块	方案数	百分比（%）	公司数	百分比（%）
上海主板	114	26.03	96	24.94
深圳主板	51	11.64	43	11.17
中小板	179	40.87	159	41.30
创业板	94	21.46	87	22.60
总计	438	100	385	100

资料来源：本研究整理。

表1.4　　　　　股权激励公司的控制人类型分布

最终控制人类型	公司数	最终控制人类型	公司数
地方国有企业	34	民营	302
中央国有企业	37	其他	12

资料来源：本研究整理。

虽然股权激励被认为是解决代理冲突的工具，但是在实践中，股权激励也是引发高管的机会主义行为。2000年爆发的安然事件就是这种过度激励的结果，管理层为了兑现高额的股权激励不惜铤而走险，制造虚假的财务数据欺骗广大投资者。伯德祖克（Bebchuk, 1999）用2000～2008年贝尔斯登和雷曼兄弟的例子指出，金融危机期间，贝尔斯登和雷曼兄弟崩溃是由于薪酬结构诱发冒险行为，进而引发了金融系统的风险，并指出重建薪酬结构的重要意义。此外，2009年3月1日金融危机期间，美国政府刚宣布追加300亿美元的救助款，3月15日，美国国际集团（AIG）便向部分在职或计划聘用人员发放高达1.65亿美元的留任奖金，从而招致上至总统下至平民的一片口诛笔伐，同时引起全世界对大公司高管高额股权激励文化进行反思。在我国股权激励同样也争议不断。2009年格力电器董事长朱江洪和总裁董明珠通过四年的股权激励共获得800多万股价值高达1.7亿元的薪酬，引起各方广泛关注。2008年伊利股份公布预亏公告，由于公司在

2007年一次性摊销了整份股票期权计划的费用,以致公司营业利润亏损971万元,当信息公布之后,伊利的股价直接跌停。2014年京东全年净亏损49.41亿元,这其中最主要的原因便是上市前夕,京东董事会给京东董事长刘强东占京东股份4%的期权奖励,摊销了36亿元。

(二) 理论背景

支持股权激励的学者认为,股权激励被认为可以起到利益协同激励(alignmentincentives)和风险承担激励(risk—takingincentives)两种效应。股票期权的一个效应是高管薪酬—股票价格的敏感性增加(Hall and Liebman,1998)。高管薪酬—股票价格的敏感性被认为可以起到协同的激励效应,将经理人的薪酬和股票价格捆绑在一起,给予经理激励增加股东价值,从而减少道德风险型代理问题(Jensen and Meckling,1976)。授予高管股权的目的就是激励高管,减少两权分离下的代理成本。股票期权的另一个效应是高管薪酬—股票收益率波动性的敏感性增加(Guay,1999),而这可以促进高管的风险承担行为激励。风险承担激励认为期权可以减轻风险中性的股东和风险规避的高管之间的代理冲突,促使代理人选择高风险、正NPV的项目(Smith and Stulz,1985)。期权会引导经理采取风险更大的投资和财务决策,以缓解风险型代理问题。科尔和瓜伊(Core and Guay,1999)证实经理薪酬—股票价格波动的敏感性(Vega)同风险承担存在正相关关系,高Vega的公司会进行高风险的研发投资并减少低风险的资本性投资。米尔格罗姆和罗伯茨(Milgrom and Roberts,1992)认为通过调整斜率和凸性,股东可以减少经理放弃有价值的高风险项目的可能性。

反对股权激励的学者认为,股权激励非但没有解决代理问题,反而成为高管寻租的工具,管理层权力理论可以解释高管薪酬的大幅攀升，高管还有可能通过操纵信息披露、时机选择和盈余管理来达到提高期权价值的目的。耶马克（Yermack，1997）分析了财富500公司1992～1994年的620个股票期权，发现期权授予过程中，管理层操纵了信息披露的时机（timing）。阿布迪和卡尔施尼克（Aboody and Kasznik，2000）指出公司会在期权激励之前，推迟好消息的公布，加快坏消息的披露，以此来操纵股价降低行权价格。希利（Healy，1985）、霍尔索森，拉克尔和斯隆（Holthausen，Larcker and Sloan，1995）、盖弗和奥斯汀（Gaver and Austin，1995）研究了奖酬激励计划（Bonus Schemes）对盈余管理的影响，发现管理层会通过调高或者调低应计项目对盈余进行操纵以最大化自身利益。在股票期权激励的授予、行权和行权股票出售等过程中，经理人也有可能采取操纵应计利润的方式在授予日（grantdate）、可行权日（vestingdate）、行权日（exercisedate）和标的股票出售日前后操纵股票价格。鲍尔萨姆，陈和桑卡拉古鲁斯瓦米（Balsam，Chen and Sankaraguruswamy，2003）和贝克，科林斯和雷塔玛（Baker，Collins and Reitenga，2003）发现，经理人在授予日前通过操纵应计利润方式进行了向下的盈余管理，以达到降低期权行权价格的目的。国内的研究也大多遵循这个视角，研究了股权激励中的各种代理问题。吕长江等（2009）认为我国股权激励的动机是出于福利的目的，股权激励没有减轻代理成本，却成为代理成本的结果；吴育辉和吴世农（2010）以公布股权激励计划草案的公司为样本，研究股权激励方案的特征及其激励效应，结果发现计划草案体现出高管自利行为。肖淑芳和张超（2009）研究了我国股权激励计划公告前的盈余管理，发现在股权激励计划公告日前的三个季度，经理人通过操纵"操纵性应计利润"进行了向下的盈余管理。

二、研究问题

综上所述，股权激励作为一项薪酬制度安排，是一把双刃剑，既有光明面（brightside），也有阴暗面（darkside）。在中国特殊的制度背景和期权设置背景下，股权激励制度是否发挥了激励效应，股权激励的授予和执行过程中是否存在高管的机会主义行为，是值得研究的问题。本书将着重研究以下两个问题：

1. 现有股权激励制度设计是否是最优契约的体现？股权激励作为国外发展相对成熟的制度和机制是否适应中国的制度环境和企业治理结构，我国的股权激励是否发挥了正面的激励作用？进一步细分股权激励的激励效应，股权激励和公司的风险承担行为有什么关系？如果股权激励可以影响公司的风险承担，那么是通过什么传导机制实现的？对公司行为尤其是公司经营集中度、财务政策与投资政策产生了哪些影响？

2. 股权激励有可能成为管理者权力理论的一种体现，其是否体现了高管的机会主义行为？不同于美国传统的股权激励，中国业绩型股权激励是否助长了盈余管理？资产减值准则是许多上市公司进行会计政策操纵的一个重要手段，如果股权激励公司存在盈余管理，是否通过资产减值变化来操纵盈余呢？由于"一次授予，多次行权或解锁"的制度安排，在股权激励计划方案实施后，为了均匀和尽可能多地行权解锁，上市公司高管在整个行权解锁期内是否有平滑利润的动机？相对于没有实施股权激励的公司，实施股权激励是否对股权激励公司的收益平滑产生影响？

三、研究意义

我国股权激励虽然起步比较晚，但是发展比较快，股权激励日益成为高管收入的重要来源，建立股权激励等长期激励约束机制目前被认为是推动国企改革的新思路。但是由于不完全理性和信息不对称的存在，股权激励这种不完全契约会引发高管诸多的机会主义行为，研究股权激励的有效性有着重要的现实意义和理论意义。

（一）现实意义

目前，已有大量企业推行了股权激励方案，研究股权激励的有效性有着非常重要的现实意义。

1. 制定科学的股权激励业绩条件。尽管国务院国有资产监督管理委员会（以下简称"国资委"）和财政部对国有企业的股权激励设置了更严格的标准，但是国有企业的股权激励更多的是高管的福利而不是激励，目前我国股权激励的业绩标准几乎都是会计绩效指标，这导致了大量公司操纵会计利润的行为，并且单一的会计指标并不能完全反映企业经营的真实情况。此外，业绩评价标准还应该增加相对绩效评估指标，例如将行业调整的业绩均值作为参照系来制定评价体系，杜绝"运气薪酬"。

2. 为完善股权激励制度提供有效的建议。相对于民营企业，政府干预与控制国有上市公司是一种常态。在各类"限薪令"的压制下，国有企业货币薪酬未与市场接轨，股权激励的推行基于国有资产流失隐患的担忧也是如履薄冰。与此同时，国有企业"所有者缺位"的产权特性又使得真实股东缺乏行使权力的基础，为高管权力滥用提供了可乘之机。在外部薪酬管制以及内部高管权力滥用的双重影响下，国有企业的股权激励合约难以有效发挥激励作用。因此，科学设计股权激励方案是解决委托代理问题的重要途径。

3. 股权激励有利于推动国有企业改革。"党的十八届三中全会"提出，建立职业经理人制度，更好发挥企业家作用。完善注重长效激励，完善国有企业领导人薪酬体系，实施股权、现金两种类型的中长期激励。建立市场化的选人用人和与绩效挂钩的长期激励约束机制是现阶段深化国有企业改革的重点，是推动国有资产和国有企业改革取得突破的新思路。

（二）理论意义

1. 从风险承担的角度研究股权激励。正如瓜伊（Guay，1999）所指出的，在代理冲突中只考虑薪酬—股票价格之间的敏感性是不够全面的，薪酬—价格波动性的敏感性会引导经理采取更优的投资和财务决策。已有文献广泛研究了股权激励在方案设计和授予阶段的机会主义行为，而本书则从风险承担的角度为股权激励的正向效应提供了实证支持，从风险承担的角度研究期权的激励是对现有文献的重要补充。阿西莫格鲁等（Acemoglu，et al.，1997）指出风险承担是经济长期持续增长的一项根本动力，在经济发展的中期阶段，资本应该从安全低回报率的投资领域转向高风险高产出的投资领域。本书的研究结论表明，企业的风险承担促进了公司的资本配置效率，为阿西莫格鲁（Acemoglu，et al.，1997）和约翰等（John，et al.，2008）等的研究提供了企业微观层面的证据。

2. 从机会主义行为的角度研究股权激励。由于样本较少且选择盈余管理的方法并不相同，国内对股权激励公告前盈余管理研究的结论存在争议，本书采用改进的盈余管理方法来检验中国股权激励公告前的盈余操纵行为。国内大多数文献把推出股权激励的公司整体作为研究样本，并没有深入到股权激励的具体结构——股票期权或是限制性股票。大多数已有研究关注的是股权激励的授予阶段或是股权激励草案的设计，中国的股权激励正式实施已逾十年，已有相当数量的股权激励方案进入行权期，目前对股权激励整个实施阶段的激励效应的研究还比较匮乏。本书不但考察了股权激励公告前的盈余质量，还分析了股权激励实施之后的收益平滑问题，从而使研究覆盖到股权激励的整个实施过程，完善了现有的研究。

3. 股权激励是一种薪酬合约，由于有限理性和信息不对称的存在，合约签订的委托人只能看见结果而看不到代理人的行动，委托人对代理人的偏好函数以及外部冲击（扰动）的分布函数不具有完备的知识，这就意味着签订一个完全合约是不可能的。由于合约的不完全性，在合约的签订以及执行过程中，必然遇到各种预想不到的因受到信息不对称和代理人机会主义行为影响而偏离代理人目标的情况。因此如何签订一个最优合约，规避合约执行过程中的机会主义行为，是研究股权激励的意义所在。

第二节 研究方法和研究思路

一、研究方法

本书采用实证研究和规范研究相结合的研究方法，从股权激励制度的正面激励效应以及实施过程中所存在的机会主义行为两个角度研究了股权激励制度的有效性。在归纳总结和理论分析的基础上，以委托代理理论、不完全合约理论和信息不对称理论为理论基础，建立回归模型，研究了我国股权激励制度对高管风险承担行为、公司风险政策的影响，并分析了股权激励计划中的机会主义行为，剖析其背后存在的动因，揭示现行股权激励制度实施中存在的问题，从而提出完善股权激励制度的政策建议。在回归分析中，本书主要使用了以下几种方法：

1. 配对方法。与国内已有研究不同，本书利用配对方法，根据行业、规模或绩效配对的原则，为每一个实施股权激励方案的公司寻找一个或几个控制样本，然后综合利用控制样本和观测样本，观察哪些因素会影响上市公司采取股权激励的意愿，哪些因素会影响投资者对股权激励方案的反应。

2. 事件研究法。本书运用事件研究方法，研究投资者对股权激励草案公布的市场反应，分析哪些因素影响了超额回报（CAR）。与已有研究不同的是，本书将参照 BaberandLyon（1996，1997）的方法，综合运用了配对方法和事件研究方法。在计算 CAR 的时候，将观测样本与控制样本的 CAR 进行了差异检验，所得结论比单纯的事件研究方法更可信。

3. 联立方程。现有文献表明，公司风险策略与薪酬结构之间是互为因果的，有可能存在一些遗漏变量同时决定了薪酬结构和风险策略，他们之间不是相互独立的，存在内生性。根据科勒斯等（Coles, et al., 2006）的方法，为了规避内生性，本书使用了联立方程的模型。

4. 双差分。本书用盈余反应系数模型来检验股权激励公司盈余的信息含量，陈等（Chan, et al., 2012）和德哈恩等（Dehaan, et al., 2012）采用双差分方法（Difference – in – Differences）考察了美国上市公司自愿实施的薪酬追回条款（ClawbackProvisions）是否提高了会计盈余质量，本书也采用了类似的方法来检验。

二、研究思路

本书所遵循的技术路线图，如图 1.2 所示。首先结合中国的制度背景，由理论分析提出了研究的问题，并阐述了该问题的现实背景和理论背景。其次，依据最优契约论和管理者权力论，将股权激励的有效性分解为正向的激励作用和负向的机会

第一章 绪 论

主义行为。再次,进一步将研究的问题进行分解,把激励效应分解为利益趋同激励和风险承担激励;把股权激励中的机会主义行为具体分解为自定薪酬和业绩操纵;建立研究的实证模型,从风险政策、投资政策、财务政策、盈余质量、会计选择正反两个方面分析股权激励是否发挥了有效性,对其进行统计分析和回归分析,并对结果作出相应的分析和解释。最后,提炼本书的理论和政策含义,指出研究的不足和对未来研究方向的展望。

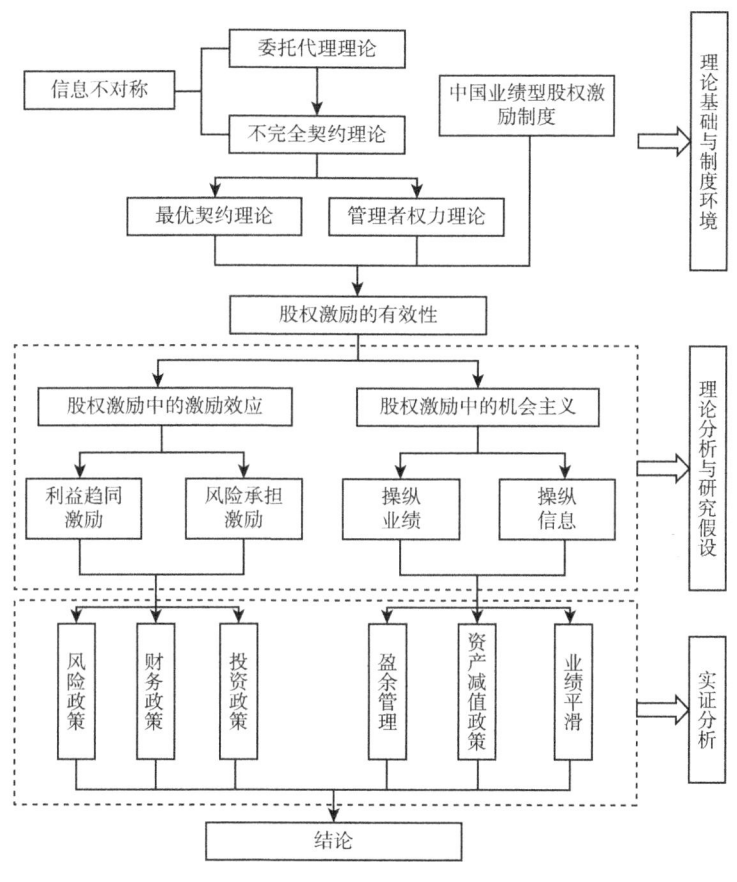

图1.1 本书的技术路线

第三节 研究内容与创新点

一、研究内容

如图 1.2 所示,本书共分为八章,具体章节安排如下:

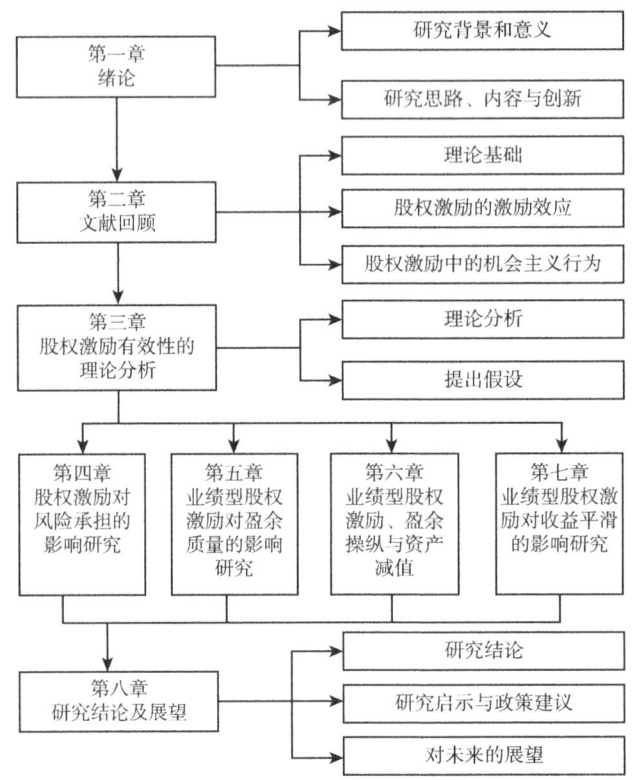

图 1.2 本书的主要内容

第一章为绪论,本部分对全书做了总结。提出本书研究背景、研究意义和研究的问题,指出了本书所使用的研究方法和研究逻辑思路,提炼了本书的研究内容以及可能存在的创新点。

第一章 绪 论

第二章为相关文献回顾和评述,主要是对本书相关的文献进行回顾和总结。首先是对高管激励的相关理论进行概述,主要包括委托代理理论和不完全合同理论。接着聚焦于股权激励相关研究,从正反两个方面对股权激励中的"激励效应"和"机会主义行为"进行了综述。

第三章为股权激励有效性的理论分析。首先,分析了股权激励的动机。随后,从最优契约论的视角出发,分析了股权激励如何影响企业的风险承担,遵循股权激励—公司行为—风险承担的逻辑,本书从公司经营集中度、财务政策和投资政策三个方面分析了股权激励影响风险承担的传导机制。接着,从管理者权力论的视角出发,分析了股权激励中的盈余管理行为,以及公司通过调节资产减值准备的方式进行业绩操纵。最后指出,收益平滑是管理层的盈余管理和操控会计政策所导致的后果,进一步分析了股权激励对公司操纵业绩的行为。

第四章为股权激励对风险承担的影响研究。本章考察了股权激励对风险承担的影响。本章分别用高管财富—股票价格敏感性(Delta)和高管财富—股票收益波动率敏感性(Vega)来度量利益协同效应和风险承担效应,实证检验了股权激励与企业风险承担水平和政策选择之间的关系。研究结果表明,Vega与公司风险承担水平显著正相关,国有企业的这种风险承担效应没有民营企业表现得明显。在企业的政策选择方面,Vega提高了企业的经营集中度和资产负债率,但是并没有促进R&D投资。进一步分析发现,激励公司的风险承担改善了资本配置效率,但是这种改善主要体现在民营企业而非国有企业。

第五章为业绩型股权激励对盈余质量的影响研究。本章考察了股权激励制度对盈余质量的影响,股权激励可能会诱发高管的机会主义行为,导致股权激励不但达不到激励高管的目的,反而加剧了代理问题。本书以公告股权激励方案的中国上市公司为样本，对股权激励公告前的盈余操纵进行了分析。分别利用盈余反应系数以及 Basu（1997）提出的两个损失确认及时性模型，即逆向的盈余收益回归模型和负盈余变化的持续性来研究股权激励前后上市公司盈余质量的变化。实证结果发现，与同一时期的非激励公司相比，股权激励方案公告后，激励公司的盈余反应系数降低，表明其盈余包含的信息含量降低；会计盈余对坏消息的反应变慢，损失确认的及时性变差；盈余变化的持续性变强，负盈余变化逆转的速度被减缓。上述三个模型的结果一致表明，股权激励公布后激励公司的盈余质量下降。本研究对于防范股权激励过程中的盈余操纵和提高盈余质量具有重要的意义。

第六章为业绩型股权激励、盈余操纵与资产减值。本章考察了股权激励制度对资产减值准备的影响。本书研究了实施业绩型股权激励的公司在方案公告前通过大规模计提资产减值进行盈余操纵的行为。实证结果发现，在公告前一年或当年激励公司资产减值计提较高，资产减值变化有逆转的特性，且正资产减值变化逆转的速度更快；但在公告前一年或当年，为了降低基准年度的业绩，当前一年度资产减值的增幅较大时，激励公司会继续将资产减值的变化维持在一个较高的水平上，即正资产减值变化逆转的速度被减缓，管理层主要是通过流动资产减值而非长期资产减值进行盈余操纵。

第七章为业绩型股权激励对收益平滑的影响研究。本章考察了我国业绩型股权激励对收益平滑的影响。中国的股权激励包含了业绩条款，并采用了分期行权解锁安排，这很有可能导致高管进行盈余操纵。本书利用双重差分方法实证检验了激励公司收益平滑程度在股权激励公告前后的变化，发现激励公司的收益平滑程度变高，这说明在股权激励有效期内，当业绩较高时激励公司会隐藏利润，为日后解锁行权留有余地；当业绩较差时，会提高绩效以尽量满足行权解锁条件。

第八章为研究结论及展望。对全书进行总结，在总结全书的基础上得出主要结论，并结合中国的股权激励设计提出政策建议，基于本次研究不足之处，作出对未来研究方向的展望。

二、创新点

在对国内外相关研究文献进行梳理的基础上，结合本书研究的主体内容和研究结论，本书的创新主要体现在以下几个方面：

1. 本书基于我国特殊的业绩型股权激励制度背景，从最优契约论和管理者权力论两种视角对中国上市公司股权激励有效性问题进行了研究。国内现有的大量文献多从高管机会主义的角度验证了管理者权力论的假说，而本书则从风险承担的角度为股权激励的最优契约论假说提供了支持。本书从正反两个方面初步构建了适用于中国特殊性的股权激励有效性分析模型，这是一种理论上的创新。

2. 为了验证股权激励的激励效应，本书将吕长江（2009）、吴育辉和吴世农（2010）等把股权激励作为分类变量，扩展到度量出激励效应的强度。采用詹森和墨菲（Jensen and Murphy，1990）的方法，使用经墨顿（Merton，1973）修正的 Black – Scholes 期权定价模型，并参考瓜伊的方法，手工收集了行权价格、收盘价格、成熟期、无风险利率、股利支付率和授予量各个参数，并根据每年实际行权和未达到业绩标准而作废或是价外期权而放弃行权的情况对参数进行调整，最终计算期权价值—股票价格的敏感性（Delta）和期权价值—股价波动的敏感性（Vega），为股权激励量化分析提供了数据的支持。

3. 我国特殊的业绩型股权激励制度，不但设置了行权或解锁的业绩条件，而且需要每个行权期或解锁期均达到业绩标准，才能顺利行权或解锁。由于"一次授予，多次行权或解锁"的制度安排，在股权激励计划方案实施后，上市公司高管在整个行权解锁期内均有业绩操纵的动机。现有文献更多关注的是授予日和业绩基准日的操纵行为，而中国的股权激励正式实施已逾十年，相当数量的股权激励方案进入行权期，目前对股权激励整个实施阶段激励效应的研究还比较匮乏。本书研究了股权激励方案的整个实施过程，并根据行权或解锁情况对股权激励份额动态调整，是对现有研究的有益补充。

中国上市公司股权激励
有效性研究
Chapter 2

第二章 相关文献回顾和评述

经济学对激励的研究是以委托人和代理人之间的目标冲突作为起始点的,由于代理人拥有私人信息,委托人需要给代理人提供激励合约。传统的新古典经济理论没有打开企业的黑箱,对企业内部的分工合作以及激励问题视而不见。伯利和米恩斯(Berle and Means,1932)指出,现代企业由于经营权和所有权的分离,企业经营者的追求目标与利润最大化目标并不一致,这种目标不一致性就会导致代理冲突。20世纪50年代后期和60年代末期,鲍莫尔(Baumol,1959)、马里斯(Marris,1964)和威廉姆森(Williamson,1964)分别提出了企业最小利润约束下的销售收入最大化模型、最小股票价值约束下的企业增长最大化模型和最小利润约束下的管理者效用最大化模型。这些模型从不同的角度表达了掌握控制权的管理者与拥有所有权的股东之间的利益目标差异,并提出了代理制企业中如何激励管理者以符合股东利益目标的新问题。

当事人之间的目标不一致和信息不对称成为导致激励问题的两个基本因素。信息不对称来自两个方面:第一,委托人与代理人之间的信息不对称,委托人不能观察到代理人的行动,产生"道德风险"和"逆向选择"问题,现代企业激励理论的主旨就是通过薪酬合约来控制代理人的道德风险问题。第二,签约双方和第三方之间的信息不对称,信息不能被第三方所证实,这又将古典合同理论发展为不完全合同理论。本章将对管理者股权激励的理论基础、股权激励的激励效应、股权激励中的机会主义进行回顾性的综述。

第一节 合约理论

一、委托代理理论

委托代理理论是现代激励理论的逻辑起点,本书首先分析委托代理框架下的激励问题。文献通常沿着两种脉络来研究委托代理理论，第一种是标准委托代理理论分析方法，它遵循传统的微观经济学，将重心放在有约束的个人效用函数最大化问题上；第二种是实证代理分析方法，这种方法没有任何明显的形式化微观基础，是非数学化的经验导向。

1. 标准委托代理理论。伯利和米恩斯（Berle and Means，1932）指出所有权和控制权的分离会导致管理层滥用自由裁量权，这项研究成为一系列关于公司治理和激励问题的起点。阿尔奇安和德姆塞茨（Alchian and Demsetz，1972）将企业研究的重点从使用市场的交易费用转移到解释企业内部结构的激励问题（监督成本）上，提出了团队生产理论，在其激励模式中，强调了剩余索取权在激励监督者中的重要性。为了回应阿尔奇安和德姆塞茨（Alchian and Demsetz，1972），1976年，詹森和梅克林（Jensen and Meekling，1976）在"公司理论：管理者行为、代理成本和资本结构"一文中，首次使用了"代理成本"概念，认为代理成本是企业所有权结构的决定性因素，他们指出薪酬激励可以通过将经理人和股东的利益趋于一致来减轻代理成本。让经营者成为完全剩余权益的拥有者，可以降低甚至消除代理成本。代理费用在实证代理理论中有着重要的地位，詹森和梅克林（Jensen and Meekling，1976）将代理费用的总和定义为：（1）委托人的监督费用；（2）代理人的保证支出；（3）剩余损失，它被定义为新古典最优解中委托人所能得到的理想利润，与实际上当交易费用为正下的次优解之间的利润之差。法马（Fama，1980）指出，企业被看作是一系列合约的联合，而且对于大公司来说，所有权和控制权的分离是一种有效的组织形式。也就是说，古典企业家的两种功能——风险承担和管理，在企业的一组合约中被看作属于不同的领域。法马和詹森（Fama and Jensen，1983）指出，企业中的决策过程包括四个基本步骤：提议、批准、执行和监督。前两个功能称为决策管理,后两个功能称为决策控制。他们认为,实证代理理论中最重要的是,解释决策管理、决策控制以及剩余风险分担这三种不同的功能在代理人和委托人之间如何分配的问题。

2. 实证代理理论。企业管理理论的开支偏好模型可以被认为是委托代理理论的雏形。所有者对企业的运营只有有限的信息,不能完全察觉经理人的行为,所有者要通过竞争对手的相关业绩来确定最优的生产水平,在此约束下,经理可以自由选择支出的偏好,而在这个过程中将会产生管理层的"事后机会主义行为"(Williamson,1963)。威尔森(Wilson,1969)、阿克尔洛夫(Akerlof,1970)、罗斯(Ross,1973)、莫里斯(Mirrlees,1974)、斯宾塞(Spencer,1974)、施蒂格利茨(Stiglitz,1975)、霍姆斯特龙(Holmstrom,1979)、霍姆斯特龙和米尔格罗姆(Holmstrom and Milgrom,1987)则提出和发展了委托代理模型。因委托人与代理人之间的信息不对称,从而产生代理人不以委托人利益最大化为目标的"道德风险"和"逆向选择"问题。如何解决这些问题成为现代企业激励理论的核心。道德风险模型假设有关各方在合约签订之后存在信息不对称,假设随机产出是代理人的努力水平和外界隐私的总和,委托人只能基于可以观察到的代理人的工作表现来设计合同。如果代理人是风险中立的,委托代理问题的解决将是代理人承担所有风险,信息差别无关紧要,此时代理人将得到全部剩余。然而,如果代理人是风险厌恶型,则设计合同就需要在风险承担和利润共享之间达到一个均衡。逆向选择的委托代理模型是有关各方在合约签订之前存在信息不对称,即委托人并不知道每个代理人的主观成本函数,代理人拥有委托人无法获得的信息,这可能是代理人的私人知识。这种合约中委托人和代理人之间存在信息差异,为了使资源配置达到帕累托有效的程度,这类合同的设计必须能够揭示出代理人的私人信息,而这通常只能通过给予代理人某种租金的形式来实现。如果为了诱使代理人说真话所必须付出的信息租金与资源配置效率相互冲突,则会产生一个次优的合约。

二、不完全合约理论

假设代理人具有私人信息,本书将代理人的私人信息大致分为两类:第一类,信息不对称发生在委托人和代理人之间,即签订合约的双方当事人之间。由于有限理性的观点,委托人无法观察到代理人的行为,同时委托人无法获知将来可能发生的所有可能性的真实分布,而委托代理理论主要研究签约双方之间的信息不对称所带来的道德风险和逆向选择问题。第二类,信息在委托人和代理人之间是对称的,但是并不存在一个第三方可以观察到该信息,或者这种双方之间的共有知识并不能被第三方所证实,这类信息在本质上是不可验证的。在很大程度上,信息的事后不可验证性成为构成合同不完备的主要因素。在委托代理理论中,假定合约的签订是观点明确的,不会在合约的执行阶段出现问题。也就是说在合约签订之初就会事先知道合约执行阶段所有可能出现的问题,并在合约里写明,在这个意义上,合约是完全的。威廉姆森(Williamson,1975,1985)指出古典型合约理论没有考虑专用性投资以及在合约执行过程中所产生的机会主义行为。由于交易费用的存在,这种合约在很多重要的方面都是不全面的。

格罗斯曼和哈特(Grossman and Hart,1986)以及哈特和摩尔(Hart and Moore,1990)首先研究信息对第三方的不对称及合约的不可证实问题。他们基于合约不完全性的概念提出了垂直一体化和所有权理论。"双方会将许多不确定的事项暂时放在一边,等着看什么事情会发生"比事先写下所有可能发生的情况要容易得多(Hart,1987)。不完全合约的另一个方面体现在,即便不确定事件可能被有关各方预见到,但是他们不能被第三方(比如法庭)所证实,因此这些合约实际上是不可执行的。也就是说合同虽然对于签订双方来说是可观察的,但是对于第三方来说是不可证实的,这时候合约双方不存在信息不对称,但是合约双方与第三方(比如法庭)之间的信息是不对称的。根据哈特和摩尔(Hart and Moore, 1988),最初合约的不完全性是可以重新修订的。他们主要考虑的是,一旦原来未知的情形变成了现实以后,可以对合约进行修正或是重新谈判。哈姆斯特龙和蒂罗尔(Holmstrom and Tirole, 1991)发展了格罗斯曼和哈特(Grossman and Hart, 1986)的模型,他们明确引入了所有权和控制权的分离问题,同时分析了分权的不同水平如何影响管理层的激励设计。哈特(Hart, 1995)通过使用不完全合约理论使得他所称之为"产权方法"的理论在公司理论中得以应用。根据这个观点,财产的所有者拥有财产的剩余所有权。

三、股权激励合约的两种假说

(一)最优契约论

伯利和米恩斯(Berle and Means, 1932)指出现代公司所有权和经营权的分离是公司治理一切问题的起点。詹森和梅克林(Jensen and Mecking, 1976)发现,由于管理层不持有企业100%的股权,一方面,管理者努力的结果是他可能会承担所有的成本而只获得部分利润;另一方面,当进行额外消费的时候,他只需承担少量的成本,却获取了全部好处,这种目标的冲突就造成了代理问题,解决代理问题的方法就是授予管理层一定的股权。最优契约理论就是在合约理论框架下的薪酬激励理论。

最优薪酬理论解释了CEO薪酬的快速增长,有大量的实证研究支持这个观点。拉克尔、摩根和波尔森（Larcker, 1983; Morgan and Poulsen, 2001）指出市场反应在长期激励合约被通过时，市场都会有一个正向的反应。哈伯德和帕里亚（Hubbard and Palia, 1995）指出市场管制放开时，经理人才能的作用更加凸显，薪酬就会增加。弗里德曼（Frydman, 2007）和朔尔（Schoar, 2008）发现，由于现代公司所需专业知识越来越多，公司需要大量拥有复合专业知识的高端人才，而这些人才的竞争则拉高了高管薪酬。这不单单反映为薪酬总额的增加，还体现在经理薪酬分布的变化。在大小公司之间，CEO和其他执行官之间的薪酬差距越来越大。外部任命的CEO越来越多，他们的经验更加多元化，拥有MBA学历的CEO比例也越来越多。因此，公司业务的多元化导致了CEO的薪酬越来越高。还有一些研究从公司规模的角度入手，公司规模越来越大，所需要匹配的高管薪酬也越来越高。加贝克斯和朗迪耶（Gabaix and Landier, 2008）建立了一个CEO才能的模型，发现公司规模的扩大（使用标准普尔500公司的市值）可以解释1980年以来CEO薪酬的提高。不过，弗里德曼和萨克斯（Frydman and Saks, 2010）发现公司规模和CEO薪酬的正向关系依赖于所选择的时期。在1970年之后的时期内，两者的关系并没有通过稳定性检验，因为公司规模和CEO的薪酬在1970年以来发展的趋势是一致的，难以说明两者之间是否为因果关系。

（二）管理层权力论

攫取租金理论的观点认为由于较差的公司治理和弱势的董事会缺少对CEO的制约，CEO会在一定程度上自定薪酬，这将导致薪酬契约的无效性。这种观点也被认为是管理层权力假说论，伯德祖克和弗里德（Bebchuk and Fried, 2004）认为大多数的寻租发生在难以观察或是难以衡量的薪酬形式，他们称之为隐蔽薪酬（stealthcompensation），例如期权、退休金、服务费用。根据这个观点，库宁和茨维伯（Kuhnen and Zwiebel，2009）建立了一个 CEO 自定薪酬的模型，包括可观察和不可观察两部分薪酬。寻租是一个均衡解，因为当新上任的 CEO 同样也是寻租者的时候，解雇费用将是高昂的。其他一些解释将 CEO 薪酬的决定认为是公司拥有强或是弱的公司治理。阿查里亚和沃尔平（Acharya and Volpin，2010）和迪克斯（Dicks，2010）发现相较于公司治理强的公司，弱公司治理的公司会无效率地将薪酬制定在高的水平。芬克尔斯坦（Finkelstein，1992）将管理层权力定义为"管理者影响或实现关于董事会或薪酬委员制定薪酬决策的意愿的能力"。伯德祖克等（Bebchuk et al.，2002）认为董事会被管理者所俘获，管理者激励不但没有解决代理问题，反而成为了代理问题的一部分。

不过也有学者对管理者权力假说进行了批判，大量文献认为 CEO 的薪酬是对经理人才能需求增长的有效反应。第一个证据是 CEO 薪酬的增长随着公司规模的扩大而增加。罗森（Rosen，1981）指出如果规模更大的公司需要能力更强的 CEO 的话，那么大公司应该支付更高的薪酬以匹配经理人市场对高能力 CEO 的需求。加贝克斯和朗迪耶（Gabaix and Landier，2008）和坦维（Terviö，2008）发展了这个模型，他们假设经理人的才能对公司产出有着复合的影响。在这个观点下，使用对经理人才能分布的特定假设，他们发现随着公司规模的扩大，CEO 的薪酬也成比例地增加。因此他们认为在 1980~2003 年 CEO 薪酬平均增长了 6 倍是对于这个期间公司市值平均增长 6 倍的合理反应。第二个证据是随着公司特征、技术、产品市场的变化，增加 CEO 才能对公司价值的影响力程度变大，导致最优的薪酬水平随之升高。例如，随着管制的放松和外国公司的进入，无论是因为公司经营环境的巨大变化还是沟通技术的提高，经理人才能对公司的价值凸显越来越大

(Hubbard and Palia, 1995; Cuñat and Guadalupe, 2009)。第三个证据是 CEO 薪酬的增长是由于对经理人才能的需求，从公司特殊才能变迁到通用型才能，这种变迁促进了对有才能 CEO 的竞争 (Frydman, 2007)。第四个证据是 CEO 薪酬的增加是由于公司治理越来越严格，董事会对 CEO 的监督越来越严格。赫尔玛林 (Hermalin, 2005) 发现，如果监管加强，CEO 的工作积极性就会降低，那么最优的选择就是支付给 CEO 更高的薪酬。

总之，现有证据表明管理层权力理论和最优薪酬理论都是 CEO 薪酬的决定因素，任何一个都无法全面解释高管的薪酬。一方面，一些薪酬组成部分，特别是隐蔽薪酬，表明 CEO 会从公司中寻租。另一方面，有效的薪酬契约在解释薪酬的增长方面又比较成功。因此，单一一种假说不能全面解释高管薪酬的变化，将两者融合是近年来研究的方向。高管薪酬契约的有效性研究仍旧是一个开放式的问题，没有确定的答案。

第二节 最优契约理论框架下的股权激励合约

一、薪酬—绩效的敏感性

期权的大量使用将高管薪酬与公司价值直接挂钩，大幅提高了薪酬—绩效的敏感性，起到了激励相容的作用。詹森和墨菲 (Jensen and Murphy, 1990) 使用 1969~1983 年的数据分析高管薪酬—绩效的敏感性，发现公司价值每增长 1000 美元，高管的薪酬仅仅增长 3.25 美元，这说明敏感性太低不足以给经理人提供足够的激励。霍尔和利布曼 (Hall and Liebman, 1998) 发现在 1990 年后，随着股票期权的大量使用，高管薪酬—绩效的敏感性得到了显著的提升,高的敏感性意味着经理人会更努力工作或是更有效率。弗里德曼和詹特(Frydman and Jenter,2010)研究发现,1992 年公司价值每增长 1000 美元,高管薪酬增长 3.70 美元,而到了 2005 年,高管薪酬增长达到 6.40 美元。斯图尔兹(Stulz,1988)首次以理论模型证明了管理层持股与公司业绩之间呈倒"U"形的非线性关系。这一结论引起了许多学者的关注。大量研究相继出现,并分别得出了倒"U"形、"N"形、倒"N"形、"M"形、"W"形的非线性结论。斯图尔兹(Stulz,1988)发现,在考虑接管市场的情况下,不同的管理层持股水平会改变公司的并购溢价水平,从而使公司价值随着管理层持股水平的增长出现先上升后下降的倒"U"形趋势。

目前国内关于高管激励的文献也大多围绕利益协同激励展开,李维安等指出,与业绩关联的薪酬分配制度化和动态化进程加深,公司薪酬中与绩效关联的比例超过 50%,随着薪酬制度改革的深入,我国上市公司高管的薪酬已经呈现出显著的业绩敏感性。不过国内关于股权激励和公司业绩敏感性的研究,多使用的是高管持股指标,而不是真正意义上的股权激励。李增泉(2000)研究了管理层持股情况和公司绩效之间的关系,发现高管持股量和公司绩效并不相关。周璐(2006)选取 2000~2004 年高管持股的公司为样本,研究了高管的持股比例与绩效相关指标的实证研究,结果表明高管的持股水平同公司几个主要的会计指标均不显著。张宗益和宋增基(2002)通过对 1999 年 129 家工业类上市公司数据的截面回归分析后,同样发现高管层持股比例与公司绩效呈"N"形关系。黄小花等(2004)发现,管理层持股比例和公司绩效之间并不是线性关系。其中,当管理层持股在 0~4.41% 时,股权激励和公司绩效正相关,而持股水平在 4.41%~32.88% 时,这种正相关关系得到了加强,但是一旦管理层持股比例大于 32.08%,高管持股和公司绩效之间的关系便会发生逆转。孙堂港（2009）发现当高管持股在4%~7%时，高管持股与公司绩效之间显著为正，当持股比例在0~4%和7%~10%时，高管持股与公司绩效负相关。而在《上市公司股票期权激励管理办法（试行）》颁布之后，肖淑芳等（2012）分析了股权激励和公司绩效之间的关系，他们控制了内生性，分别检验了股权激励对公司绩效的影响以及公司绩效对股权激励的影响。结果表明，公司绩效越高的公司推行股权激励方案的可能性更大，而实施股权激励的公司并没有获取更高的公司绩效。

二、薪酬—股价波动率的敏感性

瓜伊指出，在代理冲突中只考虑高管薪酬—股票价格的线性关系（Slope）是不够全面的，还应该强调高管薪酬—股价波动性的凸性关系（Convexity）。史密斯等指出高管的人力资本以及个人财富大部分投资于所在公司，这些高度专用性的资产很难被分散化，相对于股东而言，他们是风险规避者，会放弃相对高风险、正NPV的项目。关于风险承担的文献多是研究经理层的路径选择（channel through），比如投资政策和财务政策，而不是直接衡量风险本身。但是经理层行为还可能通过其他渠道影响公司风险，而公司风险可以衡量经理层风险承担行为的净效应（Low，1999）。德弗思科（Defusco et al.，1990）发现1978~1982年股票回报的方差随着期权风险承担激励（Vega）的增加而增加。阿格拉瓦尔和曼德尔克（Agrawal and Mandelker，1987）发现期权持有量多的公司会进行更多的并购从而使公司股票回报方差增大。拉基哥波尔和谢夫林（Rajgopal and Shevlin，2002）发现以石油勘探的风险与的期权风险承担激励（Vega）正相关。阿姆斯特朗和瓦西斯塔（Armstrong and Vashishtha，2012）使用三阶段最小二乘法，研究发现薪酬—股票价格波动敏感性（Vega）会促使风险规避的经理人增加公司的风险，但风险的增加更多是可以通过投资组合对冲的系统性风险而非特质型风险。葛姆雷，麦莎和米尔本（Gormley, Matsa and Milbourn, 2010）发现在公司面临商业环境改变时，较高 Vega 和处于实值状态（inthemoney）的期权延缓了公司风险的下降程度。

目前国内关于高管激励的文献大多围绕利益协同激励展开，而对风险承担问题关注比较少。少数文献注意到了高管薪酬的风险承担效应，洪正等发现银行高管薪酬激励与房地产信贷风险正相关，他们认为高管薪酬增加时银行有较强的冒险动机，张瑞君等发现中国上市公司货币薪酬在一定程度上能够激励公司承担风险的水平。不过，这些研究也只考虑了基于会计绩效的现金薪酬，却忽略了股票型薪酬，然而，实质上起到风险承担激励的更多是股票型薪酬。还有一些文献研究了高管持股对风险承担的影响，李小荣等研究发现高管持股和风险承担呈现倒"U"形关系，即在某临界点之前，高管持股能激励高管选择更高的风险承担，当高管持股超过某一临界点，高管会追求更多的私人利益。苏坤发现持股激励有助于管理层克服风险规避倾向，促使管理层更注重公司长期利益，降低公司代理问题，进而促进公司风险承担。这些研究把高管持股等同于股权激励，虽然高管持股具有股权激励的效果，但是两者的差异度还是非常大的。高管持股可能来自IPO、二级市场增持或是定向增发，并不是公司和高管之间薪酬契约的一部分。同时，如前所述，高管持股是一个静态指标，并不能反映持股价值的变化量。

第三节 管理层权力理论框架下的股权激励合约

一、股权激励与盈余质量

(一) 盈余质量的定义

有一部分文献研究了股权激励和盈余质量之间的关系。财务报告应该提供有关企业财务业绩的信息,德肖和施兰德(Dechow and Schrand,2010)对盈余质量进行了如下的定义,"当特定的决策制定者在进行决策时,更高的盈余质量提供了与企业财务业绩特征相关的更多信息。"简单地说,更具有用性的财务报表信息就是更高质量的信息。具体来说,盈余质量首先取决于该信息与特定决策者制定特定决策的相关性,这种相关性不仅包括股权投资决策,也包括债权人、监管者和其他利益相关者的决策。其次,盈余数据的质量还取决于它是否反映了企业的财务业绩以及反映了财务业绩的哪些特征。因为报告盈余只是一个综合反映财务业绩的数字,但是企业的财务业绩却包括许多要素和特征,这些要素和特征对于不同的决策具有不同的相关性。最后,盈余质量受会计信息系统影响,盈余信息的相关性、可靠性和及时性等特征都受生成该盈余数据的会计信息系统的影响。

为了研究盈余数据的决策相关性,研究人员通常先确定盈余质量的代理变量,然后检验该代理变量与其他因素的代理变量之间的关系,进而得出盈余质量的决定因素或经济后果方面的结论。德肖等(Dechow et al.,2010)将盈余质量的代理变量分为三个大类:(1)盈余的特征,包括盈余持续性(persistence)、应计与异常应计（Accrualand Abnormal Accrual）、盈余平滑（Earnings Smoothness）、损失确认及时性（Timely Loss Recognition，TLR）以及盈余达标（Benchmark/Targetbeating）；（2）投资者对盈余信息的反应，包括盈余反应系数（Earnings Response Coefficient，ERC）、盈余收益模型中的可决系数 R^2；（3）反映盈余误报的外部指示器，包括会计与审计提升公告（Accounting and Auditing Enhancement Releases，AAERs）、财务重述（Restatements）和按照萨班斯法案要求报告的内部控制缺陷（Reports of Internal Control Deficiencies）。

每一个代理变量都反映了盈余质量的不同要素或不同特征，对所有的决策模型而言，并不存在一个最优的盈余质量指标。例如，盈余持续性反映了盈余的稳定性，应计反映了盈余中与现金收益相对应的应计部分的大小，损失确认及时性反映了会计稳健性（抑制管理人员的乐观主义倾向），盈余反应系数则反映了股权投资者对盈余信息的反应等。因此，从不同的角度对盈余质量进行研究会丰富和完善我们对盈余及会计信息质量的认识。

（二）股权激励与盈余操纵

盈余质量受许多因素的决定或影响，不同因素对盈余质量的不同特征（代理变量）产生不同影响。管理层奖励薪酬、管理层持股和股权激励等因素驱动了盈余操纵，研究管理层激励对盈余质量的影响对防范盈余操纵和提高盈余质量具有非常重要的意义（Dechow et al.，2010）。希利（Healy，1985）、霍尔图森，拉克尔和斯隆（Holthausen，Larcker and Sloan，1995）、盖弗和奥斯汀（Gaver and Austin，1995）研究了薪酬激励计划（Bonus Schemes）对盈余管理的影响，发现管理层会通过调高或者调低应计项目对盈余进行操纵以最大化自身利益。在股票期权激励的授予、行权和行权股票出售等过程中，经理人也有可能采取操纵应计利润的方式在授予日（grantdate）、可行权日（vestingdate）、行权日（exercisedate）和标的股票出售日前后操纵股票价格。

一些文献分析了股权激励授予（grant）前的盈余管理。鲍尔萨姆，陈和桑卡拉古鲁斯瓦米（Balsam, Chen and Sankaraguruswamy, 2003）和贝克，科林斯和雷塔玛（Baker, Collins and Reitenga, 2003）发现，经理人在授予日前通过操纵应计利润方式进行了向下的盈余管理，以达到降低期权行权价格的目的。但贝蒂斯，比扎克，科尔斯和卡尔帕斯（Bettis, Bizjak, Coles and Kalpathy, 2010）利用美国业绩型股权激励的数据，并没有发现在授予日（grantdate）前后有显著的盈余管理行为。

巴甫洛夫和莫汉拉姆（Bartov and Mohanram, 2004）通过对1992～2001年1200家上市公司的研究发现，高层管理人员在行权前后有大量的盈余操纵行为，行权前可操控性应计利润异常高而行权后则有反转现象。成和沃菲尔德（Cheng and Warfield, 2005）分析了管理人员股权激励与盈余管理行为之间的关系，发现股权激励强度较高的高管为了在未来以更高的价格卖出股票，对盈余进行操控以达到预期。同时，高管股权激励程度高和股权激励持续性较强的公司出现正盈余意外的可能性较低，这说明高管为了在未来以较高的价格出售股票进行了盈余平滑，在业绩较好的年份向下操纵盈余，为后续年度隐藏业绩。伯格斯特雷瑟和菲利浦（Bergstresser and Philippon, 2006）等发现，CEO报酬中来自股票期权报酬的比例与可操控性应计之间正相关，且在可操控性应计较高的年份，高管行使的股票期权和出售的股票也较多。

匡（Kuang, 2008）利用英国非金融行业数据，观察到业绩型股权激励在总薪酬中占的比重越大，盈余管理就越严重；而且，管理层盈余管理的动机来源于已授予但并未行权（即仍处在绩效考核阶段）的那部分股票期权。

肖淑芳、张晨宇、张超、轩然（2009）也指出，在中国上市公司公告股权激励计划前的三个季度存在不太显著的盈余管理现象。苏冬蔚、林大庞（2010）发现，尚未进行股权激励的上市公司，其CEO股权和期权占总薪酬比率与盈余管理呈显著的负相关关系；而提出或通过激励预案的公司，其CEO股权和期权报酬与盈余管理的负相关关系大幅减弱并不再统计显著。不过，该论述并未从整体上判断股权激励公司是否进行了盈余管理，也未区分盈余管理的方向。张海平和吕长江（2011）从资产减值会计的视角研究股权激励计划对公司会计政策选择的影响，发现在股权激励方案推出前后，实施股权激励计划的公司管理层基于自身利益的考虑，利用资产减值政策操纵会计盈余影响股权激励的行权条件。

二、股权激励与资产减值准备

国内外已有文献将关于减值准备计提的动机归结为经济因素造成的减损和经理层的盈余管理。经济因素是指当宏观经济环境变化、行业竞争、企业自身经营等导致资产价值下降时，通过计提减值使各项资产的价值得到合理估计和及时确认。盈余管理因素是指管理层出于扭亏、大清洗（bigbath）、利润平滑等目的而对资产减值计提进行干预和操纵，从而使得资产的账面价值偏离公允价值。

（一）资产减值的动因

通过与同行业未进行资产减值的配对公司进行对比，斯特朗和迈耶（Strong and Meyer, 1988）和埃利昂和肖（Elliot and Shaw, 1988）的研究结果显示，减值公司的股东回报率较低，在减值年及以前年度，会计绩效也在不断恶化。管理层变更是影响资产减值的主要因素，管理层会利用会计准则授予的自由裁量权来操纵盈余,资产减值和应计都是管理层操纵盈余的手段。他们同时发现,CEO变更是决定公司资产减值的重要因素,尤其当变更后的CEO来自公司外部时。埃利昂和肖(Elliott and Shaw)对CEO变更影响资产减值的解释是继任高管通过计提资产减值准备将业绩不佳的责任推卸给前任,同时也降低了任期绩效的比较基准。如果管理层资产减值的目的是进行盈余操纵,那么管理层同时也会对同期的应计进行管理。但是,里斯,吉尔和戈尔(Rees,Gill and Gore, 1996)通过分析资产减值和异常应计检验了资产减值的动机,发现虽然在计提资产减值的年度异常应计较低,但是在随后年度没有逆转,排除掉盈余管理动机,他们认为无论是资产减值,还是异常应计都是企业对外部经济环境所作出的反应。弗兰西斯,汉娜和文森特(Francis, Hanna and Vincent, 2005)则认为,两种动机都是重要的解释因素,但是管理层激励对存货、耐用资产(PP&E)几乎没有影响,但对其他减值,如商誉、重组费用有重要影响。为了规范美国公司的资产减值,防止企业通过计提资产减值来操纵利润,美国财务会计标准委员(FASB)在1995年颁布了第121号准则(SFAS121):长期资产的减值、处置的会计处理,该准则规定了长期资产是否减值的判断标准和减值规模的确认标准。里德(Reidl, 2004)对第121号准则发布前后资产减值的动机和经济因素之间的关系进行了比较,发现与准则发布之前相比,准则发布之后资产减值与宏观、行业和企业方面等经济因素的关联度更低,而与大清洗的联系更紧密。

赵和霍尔尼(Chao and Horng, 2013)利用台湾上市公司数据,发现会计限制条款(accounting-basedcovenants)、"洗大澡"、盈余平滑、管理层变更都是管理层通过资产减值和应计管理进行盈余管理的动机。资产减值高的企业操控性应计也比较低,因此,资产减值和应计管理是部分互补的两种盈余操纵手段,两者是联合决定的。进一步分析发现,操控性资产减值和异常应计之间的关系在治理较差的公司中更突出，这表明好的公司治理可以限制管理层的操控行为。李等（Li et al., 2011）认为并购时支付给目标公司的过高价格可以预测随后的商誉减值损失。明尼克（Minnick, 2011）发现，相比治理较差的企业，治理良好的企业公布资产减值的可能性更高，公布的资产减值损失也较小，治理良好公司的资产减值政策也更积极主动。

（二）资产减值与会计稳健性

最近的文献从契约激励、监管、税收和诉讼等四个方面来解释会计稳健性。根据契约解释，由于与企业相关的主体拥有不对称信息、不对称收益或有限视界，从而造成道德风险，而稳健性会计则是解决这种问题的手段。债权人、股东等利益相关者关心企业的会计选择是否适当和谨慎，如果企业没有满足这些要求，那么他们就会调整相应权益的价值，管理层则利用会计稳健性来降低代理成本，增加企业价值。相当多文献证实了契约激励可以解释稳健性横截面上的差异。例如，艾哈迈德等（Ahmed et al., 2002）认为，会计稳健性有利于降低债务成本以及债权人和股东之间的冲突。尼可拉耶夫（Nikolaev, 2010）发现，债务契约中限制条款越多，会计稳健性就越高。总的来说，这些研究表明会计稳健性是一种有效的缔约机制。由于上述显性和隐性的监督机制，在会计准则和既定的经济环境下，企业报告的资产减值通常应当符合已有的"规范"。与规范相一致的资产减值可以被认为是"非操控性"或正常的会计稳健性。早期的文献并没有明确区分正常或非操控性稳健性。已有在Basu（1997）不对称及时性模型基础上度量稳健性的文献隐含地控制了正常或非操控性稳健性，罗伊乔杜里和沃茨（Roychowdhury and Watts, 2007）和罗伊乔杜里和马丁（Roychowdhury and Martin, 1985）改进了正常稳健性估计模型，提出在检验稳健性的差异时应当控制期初的账市比。

资产减值准则仍赋予了企业很大的自由选择空间，会计准则提供的原则性指引依赖管理层的主观判断，因此，管理层有可能充分利用会计准则授予的选择空间进行盈余管理，已有的盈余管理和策略性会计政策选择文献对此已有研究。在资产减值中也存在盈余管理，例如，如果管理层希望夸大当前的盈余，他可以延迟确认当年的资产；反之，管理层也可以通过计提大额资产减值损失来给业绩"洗大澡"。但是，盈余管理动机虽然可以为会计稳健性提供一些证据，但并不是会计稳健性的主要决定因素。上述关于正常会计稳健性的文献扩展了资产减值方面的研究，在研究资产减值的盈余管理动机时必须充分控制正常或非操控稳健性的决定因素。艾哈迈德和杜尔曼（Ahmed and Duellman, 2011）发现，由于会计稳健性有助于降低管理层投资决策中的代理问题，因而更稳健的企业未来将会有更高的现金流和总利润，发生特殊项目损失的可能性更低，且规模也更小。

三、股权激励与业绩平滑

与本书相关的文献包括三个方面：一是基于会计盈余的薪酬激励与高管盈余操纵之间关系的文献；二是高管股权和股票期权等基于股权的薪酬激励与盈余操纵之间的关系；三是与收益平滑相关的文献。

（一）薪酬激励与盈余操纵

管理层奖励薪酬、管理层持股和股权激励在提高管理层激励、缓解代理问题的同时，也可能带来管理层的盈余操纵行为。瓦特和齐默尔曼（Watt and Zimmerman, 1978）、希利（Healy, 1985），霍尔图森，拉克尔和斯隆（Holthausen、Larcker and Sloan, 1995）等研究了奖酬激励计划（Bonus Schemes）对盈余管理的影响，发现管理层存在为自身利益最大化而操控会计行为的动机。希利（Healy，1985）发现，在存在上下限的非线性奖金计划中，若当期盈余高于奖金计划所规定的上限，则管理层会隐藏当期盈余；若当期盈余低于目标下限时，则管理层会采取措施进行巨额冲销，即"洗大澡"行为；当盈余介于目标盈余的上下限之间时，管理层努力增加盈余以使其刚好等于上限。希利还发现管理层主要通过应计项目操纵和会计政策调整两种手段对会计盈余进行管理。

自希利（Healy，1985）开始，学者对经理人的盈余管理行为展开了大量的研究。美国股权激励30多年的历史经验和研究充分说明了在股权激励实施的各个环节（授予、行权和出售）都存在盈余操纵行为。

（二）收益平滑

相比标准股权激励计划，业绩型股权激励设置了绩效门槛，为了达到预设的业绩条件，高管有更强的动机进行盈余管理。匡（Kuang，2008）对英国非金融上市公司的研究发现，业绩型股权激励在总薪酬中占的比重越大，操控性应计盈余管理就越严重；股票期权行权的难度越大，上述关系就明显。

虽然中国的股权激励计划不存在授予日期回溯调整，但同样存在盈余操纵行为。肖淑芳等（2009）和苏冬蔚、林大庞（2010）对早期实施股权激励计划的中国上市公司进行了分析，并得出激励公司通过操控性应计进行盈余管理这一结论。张海平和吕长江（2011）发现在股权激励方案推出前后，实施股权激励计划的公司管理层基于自身利益的考虑，会利用资产减值政策操纵会计盈余影响股权激励的行权条件。

收益平滑是指公司管理层运用财务报告上的自由裁量权来有意减少已实现盈余的波动而进行的一种努力（Beidleman，1973），利润平滑是一种典型而普遍的盈余管理行为。（Graham，Harvey and

Rajgopal，2005）通过问卷调查和访谈对 400 多位高管进行调研，研究了公司高管对盈余管理和信息披露的态度和选择。他们发现，绝大多数 CFO 偏好更平滑的盈余；在现金流不变的情况下，波动较大的盈余对投资者来说风险更高，平滑的盈余有助于降低分析师预测的难度；CFO 最关注的是盈余的可预测性，盈余的不可预测性（没有达到分析师预测）或波动性意味着投资者需要更高的风险补偿；与已有的学术文献的结论（如 Tucker and Zarowin，2006）相反，没有显著的证据说明高管通过收益平滑向外界传递公司的真实经营业绩；为了达到盈余目标，绝大部分高管会选择收益平滑，尽管这样做会损害公司的长期价值。

已有文献研究了薪酬契约与盈余平滑之间的关系。希利（Healy，1985）在对奖金计划对盈余管理进行研究时已经发现，当盈余处于特定区间时，管理层会有收益平滑行为：当当期盈余高于奖金计划所规定的上限，则管理层会隐藏当期盈余；当盈余介于目标盈余的上下限之间时，管理层努力增加盈余以使其刚好等于上限。希利还发现管理层主要通过应计项目操纵和会计政策调整两种手段对会计盈余进行管理。（Cheng and Warfield，2005）在研究股权激励与盈余管理以及股票出售数量之间的关系时发现，股权激励强度较高的高管通过收益平滑可以很轻松地达到或满足分析师的预测，从而实现操纵股价的目的。

国内文献也对薪酬契约与收益平滑之间的关系进行研究，刘斌、徐佳、刘刃（2005）发现，将经理年薪与企业经营业绩挂钩的薪酬契约会导致收益平滑。

第四节　文献评述

最优契约论和管理者权力论是在合约理论框架下的薪酬激励

理论。它们是两种对立的假说，其中最优契约论基于主流的代理理论，认为董事会会做到尽职尽责，他们以股东利益最大化为己任，会监督管理者的行为，并与管理者签订一个公平的溢价契约（arm - lengthbargainingcontract），高管薪酬契约解决了代理问题，缓解了股东和代理人之间的目标冲突。而管理者权力论认为由于管理者和董事会之间的权力不对等，这种公平议价契约是不存在的，董事会被高管所俘获，高管薪酬合约不但没有解决代理问题，反而成为代理问题的结果。综观正反两个方面对股权激励有效性的研究，可以发现相关研究还存在不足和有待拓展深化的部分，这也为本书的研究留下了的足够的空间。

1. 对于正面激励作用。从以上的论述可以看出，国内外的研究对股权激励的利益趋同效应取得了较为丰富的成果，也考虑到了股权激励和公司绩效的内生性问题，但是站在风险承担的角度来考虑股权激励的激励效应的文献还比较少。少数文献注意到了高管薪酬的风险承担效应，不过这些研究也只考虑了基于会计绩效的现金薪酬，忽略了股票型薪酬，实质上起到风险承担激励的更多是股票型薪酬。还有一些文献研究了高管持股对风险承担的影响，这些研究把高管持股等同于股权激励，虽然高管持股具有股权激励的效果，但是两者的差异度还是非常大的。高管持股可能来自IPO、二级市场增持或是定向增发，并不是公司和高管之间薪酬契约的一部分。而根据最优契约理论，激励契约要同时面临两个问题：一是不对称信息下的收入转移；二是不同风险态度当事人之间的风险承担，最优契约需要在利润共享和风险共担之间达到一个平衡。瓜伊指出在代理冲突中，只考虑高管薪酬—股票价格的线性关系（Slope）是不够全面的，还应该强调高管薪酬—股价波动性的凸性关系（Convexity）。期权价值随着标的物股票的波动性而增加，当公司股价波动性增加时，高管可以获得更高的期权价值，而在股票下跌时候，持有期权不遭受损失。因此，从风险承担的角度考察股权激励的激励效应是对现有文献的重要补充。

2. 对于股权激励中的机会主义行为。股权激励在实施的过程中也存在高管的机会主义行为。不同于美国传统与股票价格挂钩的期权制度，国内股权激励设置了业绩考核条件，达到业绩标准才可以行权或是解锁。因此，国外关于股权激励中机会主义行为和国内的研究有所不同。针对这种业绩型股权激励，国内文献从行权业绩条件、行权难易程度、股权激励公告前的盈余管理几个角度来分析。中国实行的是业绩型期权，这种期权一次授予，分期行权。每个行权期是相互独立的，本期未达到业绩标准或是价格处于价外期权（Out Of Money Option）而作废的，并不影响下一期的行权情况。因此，有必要考虑整个股权激励的实施过程中所伴随的机会主义行为，而收益平滑就是考虑了整个股权激励实施过程。因此，本书不但考虑了股权激励方案公告时的盈余管理，还考虑了在整个行权期（解锁期）的业绩平滑，补充了现有文献。

第三章　股权激励有效性的理论分析

本章首先分析了股权激励的动因，接着从正反两个方面分析了股权激励的经济后果。本章通过财务、会计政策选择等角度考察股权激励对公司及其管理层行为的影响，进而考察股权激励的风险承担效应。从高管机会主义行为的视角分析了股权激励对上市公司盈余质量的影响、股权激励与资产减值准备以及股权激励与收益平滑。

第一节　股权激励的动因分析

关于公司采用股权激励的动机，学术界主要分为两派。支持股权激励计划的学者认为，股权激励有正面效应（Bright Side），能够起到激励作用，有利于提升公司价值。他们认为股权激励使高管与股东利益一致，激励高管提升公司业绩（Berle and Means, 1932; Jensen and Meckling, 1976）。同时，股权激励促使风险规避的经理会选择高风险、正净现值（NPV）的项目，调和风险中性的股东和风险规避高管之间的矛盾，从而减轻风险承担型代理问题（Smith and Stulz, 1985）。反对股权激励的学者认为，股权激励有负面效应（Dark Side），股权激励不但没有缓解代理成本，其本身还成为代理成本的一部分，他们认为股权激励也有可能是管理层从股东那里攫取租金的工具。

1. 基于代理成本理论假说，很多学者从不同的角度为股权激励的激励效果提供证据，主要有：

（1）在信息不对称下的利益趋同激励。信息不对称主要表现在两个方面，一方面，公司充满成长机会，高管要制定很多投资决策，使董事会难以监督。墨菲（Murphy, 1999）认为，有很多成长机会的公司会用股权激励来促使管理层选择盈利项目，尽管在这类公司中，股权激励的激励作用也会很明显。史密斯和沃茨

(Smith and Watts, 1992)认为,由于瞬息万变的市场机会和难以把握的市场机会,使得股东和董事会中的外部成员很难准确确定公司高管行为的合适值,给予经理人持有股票和期权会减少这种代理成本。另一方面,公司的会计信息噪声比较大,使董事会难以了解到公司业绩的真实情况。兰姆博特和拉克尔(Lambert and Larcker, 1987)的研究认为,董事会从股价表现和会计盈余中同时可以获得关于高管表现的信息,但当会计信息噪声比较大时,CEO的薪酬会与市场表现变量更紧密地联系在一起,股权激励就是一种基于市场表现的报酬方式。耶玛克(Yermack, 1995)也证实了会计信息噪声较大时,高管会被授予更多的股票期权。

(2)高管的风险承担激励。史密斯和斯图斯(Smith and Stulz, 1985)认为高管人力资本束缚于公司,属于公司专用性资产投资,并且很难被分散化,风险规避的经理会选择放弃高风险、正NPV的项目,而这对于风险中性的股东来说是价值损害的。为了调和风险中性的股东和风险规避高管之间的矛盾,股东可以加入凸性薪酬支付工具来构建薪酬结构,从而减轻风险承担型代理问题。瓜伊(Guay, 1999)研究发现,经理财富—股票价格的凸性关系同公司风险的替代变量存在正相关关系。科尔斯,丹尼和纳文(Coles, Daniel and Naveen, 2006)规避了内生性的问题,建立了凸性薪酬工具和公司投资以及财务策略之间的关系,研究表明经理的凸性薪酬契约同R&D投资、公司负债率高风险项目正相关,而同风险较低的资本性支出负相关。科恩等(Cohen et al., 2000)研究了期权和公司策略之间的关系,研究发现Vega同负债有显著的正相关关系。

(3)分离、筛选有才能的人(sorting、retaining)。拉齐尔(Lazear, 1999)指出,股权激励能帮助公司吸引更优秀的管理层,因为这些优秀的管理层有能力选择并执行有效的投资决策,股权激励使其为公司提高业绩的同时，自身也能获取相应的收益，提高了高管与公司的利益一致性。伊特纳（Ittner，2001）的报告认为公司会使用期权留人最主要的原因是，检验股票期权是否真正影响主动离职率。奥耶和谢弗（Oyer and Schafer）提供证据表明期权吸引了对于公司前景有更乐观信念的低风险偏好型雇员。对于低于CEO或是最高的领导团队来说，激励就不是最主要的作用了。科尔和拉克尔（Core and Larcker，2001）发现非CEO的管理层所持有的期权价值，较他们基本薪水来说所占的份额要远远小于CEO所持有的期权价值。对于提供激励来说，部门奖金更重要也更有用，潜在的晋升也尤为重要。

（4）缓解临近退休高管的视野短期化问题。史密斯和沃茨（Smith and Watts，1982）认为，临近退休的高管会放弃研发支出和好的投资机会，因为研发费用会降低当期的会计利润，使基于会计数据的激励计划不利于这些临近退休的高管薪酬。反之，这些支出却会给未来的继任者带来较大的回报，而通过授予临近退休的高管以股权激励则能消除这种外部性，将其利益与公司长远的利益结合起来，避免短视化问题。

（5）平息利益相关者假说（Stakeholder Placation Hypothesis）。这种观点认为上市公司实施绩效挂钩的股权激励主要目的是平息来自股东、媒体、政策制定者等利益相关者的压力，只是一种粉饰作用（Windows Dressing），而没有任何经济含义，股权激励条款中设置的业绩条件很容易满足。

（6）会计处理不同。不像其他的薪酬，现金薪酬和限制性股票需要在财务报表中披露，而期权的情况只需要在财务报表附注中加以披露。卡特和林奇（Carter and Lynch，2001b）发现公司会根据会计处理的不同来选择股票期权。

2. 基于负面效应，研究者认为股权激励方案无助于股权激励效用的发挥，现实中机会主义行为、信息不对称以及上市公司内部控制等问题的存在，将导致高管在各个环节出现自利行为。

伯德祖克和弗里德（Bebchuk and Fried，2004）认为由于董事会被高管俘获，授予高管期权本身就是代理问题的一部分，股权激励往往成为高管的福利而非激励。上市公司往往设置了很低的门槛（Hurd Lerate），而且为了达到股权激励设置的绩效条款，经理层会进行盈余管理。股权激励有时并不能达到其真正效果，反而会导致高管短视化行为，用机会主义行为替自身谋福利。一些研究将盈余管理同绩效相关的奖励相联系，特别是奖励计划接近设置的业绩指标时（Healy，1985；Holthausen et al.，1995），管理层可能会操纵绩效指标。管理层还可能操纵信息，公司似乎会操纵 CEO 期权授予时候的信息披露，推迟好消息的披露，加快坏消息的披露（Aboody and Kasznik，2000）。吕长江等（2011）分析了中国上市公司实施股权激励的动机，认为公司治理结构的不完善、对管理者监督制约机制的缺乏会使管理层出于福利目的而选择股权激励。辛宇、吕长江（2010）分析了泸州老窖这家国有企业激励、福利和奖励三种并存的股权激励，这种混杂性最终会导致国有企业的股权激励陷入定位困境，无法发挥激励效果。

第二节 股权激励的激励效应

一、股权激励的利益协同激励

衡量 CEO 薪酬的激励效应从 20 世纪 50 年代开始就是一个核心问题。早期的研究关注了不同薪酬支付水平的公司绩效表现（Roberts，1956；Lewellen and Huntsman，1970）。第二代研究激励效应的文献将激励效应定义为高管薪酬—绩效的敏感性（Murphy,1985；Coughlan and Schmidt, 1985）。协同效应认为，为了减少代理冲突，股东应该将经理人的薪酬和股票价格捆绑在一起，通过授予高管股权型薪酬使得经理采取最大化公司价值的行为（Jensen and Meckling, 1976）。如果高管是自利的，与此同时股东还不能够监督他们，就应该授予高管股权以达到利益协同。高管的报酬应该作为最主要的指标来衡量高管是否采取了最大化股东价值的行为（Holmström, 1982）。因为股东不清楚如何才是价值最大化的，激励契约就应该直接与股东价值紧密联系。

莫克（Morck, 1988）证明，如果高管持有5%以下的公司股份，激励效应与股票价格两者正相关；持股5%~25%时两者负相关；持股超过25%时两者正相关。对此，有研究表明最初的正相关反映了薪酬的激励作用，中间的负相关是经理人的壕沟效应，而最终的正相关则体现了股东和经理利益一致下的所有人激励作用。而麦康奈尔和瑟韦斯（Mcconnell and Servaes, 1990）发现正向激励作用在持股超过40%~50%之后才会出现。随后的研究结果也是多种多样的。迈赫兰（Mehran, 1995）认为公司价值与经理所持有的股票和股权型薪酬有着正向关系。哈比和林杰奎斯特（Habib and Ljungqvist, 2005）发现公司价值和CEO股票持有呈现正向作用，而和期权持有呈现负向作用。

目前的研究多是关于较高的薪酬激励水平和较高的薪酬—绩效敏感度是否会导致较高的绩效或是较高的公司价值。然而，对于这个问题的经验研究仍旧充满了争议，特别是其中所存在的内生性。薪酬安排被认为是涉及CEO、薪酬委员会及所有董事和经理人薪酬市场系统性的内生变量。因此，薪酬安排会受到大量观察的和非可观察的公司以及CEO特征所影响。同时，薪酬安排、公司绩效还可能是整个公司治理、外部制度均衡的结果。为了克服内生性问题，一部分研究使用了工具变量法（Hermalin and

Weisbach,1991；Himmelberg et al.，1999；Palia，2001）。但是正如汉姆勃格（Himmelberg et al.，1999）所指出的，因为难以得到有效的工具变量，所以所有决定薪酬的因素都会在一定程度上影响到公司价值。作为另外一个替代性的方法，一些研究使用了联立方程的模型来规避内生性问题。然而，这种方法需要至少和内生变量同样多的外生变量，这同样存在外生变量难以得到的问题，由于缺乏有效的工具变量，文献并没有确定管理人激励影响公司价值的确定因果关系。

二、股权激励的风险承担激励

相对于投资分散化、风险中性的股东来说，经理人人力资本束缚于公司，这种专用性资产很难被分散化，他们会放弃高风险但是正 NPV 的投资机会（Smith and Stulz，1985）。为了减缓这种风险承担型代理问题，股东可以使用股票期权等凸性薪酬支付工具。瓜伊指出在代理理论中，只考虑薪酬—股票价格敏感性的斜率关系（Slope）是不够全面的，还应该强调经理人薪酬—股票价格的凸性关系（Convexity），即经理人财富—股价波动的敏感性（Vega）。期权会引导经理采取风险更大的投资和财务决策，以缓解风险型代理问题。米尔格罗姆和罗伯茨（Milgrom and Roberts，1992）认为通过调整斜率和凸性，股东可以减少经理放弃有价值的高风险项目的可能性。

股权激励主要包括限制性股票和股票期权两种形式。限制性股票在被授予的时候是有内在价值的，如果股价下跌，高管财富就面临损失，高管持股的一个潜在成本就是这种线性支付工具会使得风险规避的经理采取措施来减少相对高风险、正 NPV 的项目。瓜伊指出持有股票虽然可以产生利益协同效应，但是持股的增加也会将高管暴露于风险之中，这样会增加高管的风险规避程度。阿加沃尔和萨姆维克（Aggarwal and Samwick，1999）等发现经理人持有大量股票时会减少高风险的并购活动。而股票期权是一种看涨期权，当股票价格高于行权价格时，持有人获得市场和预购价之差，而当股票价格低于行权价格时持有人不遭受损失。它不但可以将高管的薪酬同公司业绩挂钩，减少两权分离下的代理冲突，而且作为一种凸性薪酬工具，可以激励风险规避的高管选择更高的风险承担。最优的薪酬契约设计要兼顾当事人双方的利益共享和风险承担，而股票期权同时具有风险承担激励和利益协同激励两种效应。

高管的薪酬结构可以影响公司的政策选择。增加高风险投资而减少低风险投资，或者采取更激进的财务策略，被认为是高管行为影响公司风险的重要路径。相对于固定资产、机器和设备等资本性投资，研发支出被认为是高风险的投资（Bhagat and Welch，1995；Kothari et al.，2001）。将有形资产投资（例如资本性支出），转向无形资产投资（例如R&D投资）会显著的增加公司风险。图菲诺（Tufano，1996）发现薪酬—价格波动的敏感性（Vega）促进了高管的高风险投资和激进的财务政策。瓜伊（1999）证实了经理薪酬—股票价格波动的敏感性（Vega）同风险承担存在的正相关关系，授予期权会显著增加期权价值—股价波动的敏感性（Vega），高Vega的公司会进行高风险的R&D投资并减少低风险的资本性投资。科恩（Cohen et al.，2000）研究发现Vega同公司负债有显著的正相关关系。

公司特征反过来也会影响薪酬制定。研究思路是把薪酬结构作为被解释变量，如何通过投资政策、成长性、高管特征和融资约束决定最优的薪酬结构。科尔和瓜伊（Core and Guay，1999）指出拥有更多投资机会、R&D投资高的公司，会提供更多风险承担型的激励，期权价值—股价波动的敏感性（Vega）更高。耶马克（Yermack，1995）分析了当会计盈余信息的噪声比较大而难以监督的时候或是企业面临融资约束的时候会授予高管股票期权以增加激励水平。

现有文献表明，公司风险策略与薪酬结构之间是互为因果的，还有可能存在一些遗漏变量同时决定了薪酬结构和风险策略，他们之间不是相互独立的，存在内生性。科尔斯、丹尼和纳文（Coles，Daniel and Naveen，2006）在瓜伊（Guay，1999）研究的基础上规避了内生性的问题，他们使用联立方程的方法建立了风险承担激励（Vega）和公司投资以及财务政策之间的关系，研究表明CEO的风险承担激励（Vega）同R&D投资、公司负债正相关，同资本性支出负相关。洛（Low，2009）以外生事件的冲击来规避内生性，他们采用双差分的方法（Difference - in - Difference）研究特拉华州并购法案的重新制定前后，公司风险和公司价值的变化。研究发现风险承担激励（Vega）较低的公司，公司风险下降程度更大，股东财富下降程度更高。

基于以上分析，因为期权价格随着波动性的增大而增加，期权这种凸性支付工具会促使经理人有动机增加公司的风险以增加期权价值。因此，如果股票期权提供了风险型激励，公司风险和股票期权风险承担激励之间可能存在正相关关系。

第三节 股权激励中的机会主义

1. 经理人从股权激励中获得的收益可以分为正常的股权激励收益和操纵获得的收益。

经理人有动机通过时机选择（timing）、选择性信息披露、回溯授予日期（backdating）和盈余管理等机会主义行为来降低行权价格和（或）提高股票出售价格，从而获得操纵收益。已有文献表明在高管股票期权授予前后股票价格有反常的变化。

耶马克（1995）利用财富500公司在1992~1994年的620个股票期权，发现授予后的50个交易日有超过2%的累积超额收益，并把这归因于高管通过时机选择（timing）把股票期权的授予安排在好消息发布之前。按照股票期权的授予时间在几年之内是否固定，阿布迪和卡兹尼克（Aboody and Kasznik, 2000）将股票期权分为固定计划和非固定计划，发现固定计划期权授予日后仍存在正的累计超额收益。既然固定计划消除了高管的时机选择空间，CEO不能随意选择授予日，那么授予日后正的CAR只能归因于CEO通过信息披露来影响授予日前后的股价。进一步分析发现，CEO在股票期权授予前后采取了机会主义的自愿信息披露策略——推迟利好消息、披露利空消息来改变投资者的预期，降低授予日前的股价。除了时机选择和自愿信息披露策略外，回溯调整也可以解释授予前负的累计超额收益和授予后正的累计超额收益。烈（Lie, 2005）利用1992—2002年的大样本数据发现，在授予日前有负的累计超额收益，在授予日后有正的累计超额收益，这种现象在授予日每年固定和不固定的股票期权中都存在，但非固定期权更显著。由于高管并不能准确地预测市场的走向，那么授予日前后的累计超额收益意味着高管事后对授予日期进行了追溯调整，将授予日设在市场整体股价较低的时间段。

中国的股权激励与美国传统的股权激励相比主要有两点不同。第一，中国股权激励是业绩型股权激励，即股票期权的行权或限制性股票的解锁前提是绩效满足一定条件。第二，中国的业绩型股权激励采取了"一次授予、分期行权或解锁"，每一个激励计划都包含了多个行权期或解锁期，每一期的行权或解锁都设置了详细的业绩条件。业绩型股权激励虽然可以避免牛市时公司业绩一般的高管也能行权的弊端，但更有可能诱发高管的机会主义行为，为了达到业绩条件，高管在股权激励公告前和整个激励有效期内都有很强的动机对盈余进行操纵。欧美等发达国家实施的标准股票期权本身就是一种与公司股票业绩挂钩的薪酬,通过股票期权将经理薪酬与总体股东回报(股价增长加分红)挂钩起来,这类股票期权的数额和行权价格在授予(grant)时就已经确定下来,美国公司实施的股票期权80%以上都属于这类固定计划。但是,标准股票期权也存在不足之处,当股票市场整体处于牛市时,即使绩效较差公司的经理也能获得高额薪酬,经理人得到的回报与其努力水平并不相关,股权激励也就失去了激励的作用。为了克服标准股票期权只与总体股东回报这一个绩效标准挂钩的不足,英美等国发展出了在行权环节与其他一些绩效标准挂钩的业绩型股票期权,美国大约有20%的股票期权计划属于这种类型。业绩型股权激励提供了比标准股权激励更高的激励强度,一些机构投资者,如CalPERS就声明,不支持不包含业绩型股票期权的高管薪酬计划。在机构投资者的压力下,英国绝大多数上市公司的股票期权计划中都包含了业绩条款。

2. 中国的业绩型股权激励在实施过程中,高管的机会主义行为表现为以下几个方面:

(1)高管薪酬与盈余管理。在股票期权激励的实施中,经理人有可能采取操纵应计利润的方式在可行权日(vestingdate)、行权日(exercisedate)和标的股票出售日前后操纵股票价格。一些文献分析了股权激励授予(grant)前的盈余管理。鲍尔萨姆、陈和桑卡拉古鲁斯瓦米(Balsam、Chen and Sankaraguruswamy, 2003)和贝克,科林斯和雷塔玛(Baker、Collins and Reitenga, 2003)发现,经理人在授予日前通过操纵应计利润的方式进行了向下的盈余管理,以达到降低期权行权价格的目的。但贝蒂斯、比扎克、科尔斯和卡尔帕斯(Bettis、Bizjak、Coles and Kalpathy, 2010)利用美国业绩型股权激励的数据,并没有发现在授予日(Grant Date)前后有显著的盈余管理行为。巴甫洛夫和莫汉拉姆(Bartov and Mohanram, 2004) 通过对 1992~2001 年 1200 家上市公司的研究, 发现高层管理人员在行权前后有大量的盈余操纵行为, 行权前可操控性应计利润异常高而行权后则有反转现象。成和沃菲尔德 (Cheng and Warfield, 2005) 分析了管理人员股权激励与盈余管理行为之间的关系, 发现股权激励强度较高的高管为了在未来以更高的价格卖出股票。苏冬蔚和林大庞 (2010) 发现, 尚未进行股权激励的上市公司, 其 CEO 股权和期权占总薪酬比率与盈余管理呈显著的负相关关系; 而提出或通过激励预案的公司, 其 CEO 股权和期权报酬与盈余管理的负相关关系大幅减弱并不再统计显著。匡 (2008) 利用英国非金融行业数据, 观察到业绩型股权激励在总薪酬中占的比重越大, 盈余管理就越严重; 而且, 管理层盈余管理的动机来源于已授予但并未行权(即仍处在绩效考核阶段)的那部分股票期权。

(2) 操控股权激励中的业绩条件。在业绩型股权激励方案的设计中, 绩效考核指标体系是非常关键的一个环节。绩效考核指标体系的合理与否, 直接影响到股权激励的有效性。墨菲 (Murphy, 1999) 在对 1996~1997 年美国 177 家大公司年度激励计划的绩效考核指标体系进行分析时发现, 超过 1/3 的公司仅采用单一的绩效考核指标数量, 大部分公司采用会计收益的考核指标(具体包括净利润、ROA、ROE、ROIC 等), 83% 的工业企业采用绝对值指标, 如销售收入、ROE、EPS 等对高管进行考核。约翰森 (Johnson, 1999) 对如此多公司采用绝对值指标进行绩效考核提出了尖锐的批评, 他认为, 这种绩效考核体系导致了在牛市中, 许多公司的业绩表现尽管不如市场的平均水平, 但其高管仍然可以获得高额的期权回报。伯特兰德和穆来纳森 (Bertrand and Mullainathan, 2001) 的研究也支持了这一观点, 即 CEO 的薪酬水平容易受到其运气而不是能力的影响, 当整个市场和公司所在行业的业绩表现出众时, CEO 的薪酬水平也较高。

（3）股权激励中的择时行为（timing）。耶马克（Yermack，1997）指出，管理层会在好消息公布以前以较低的行权价格获得期权，从而增加个人利益。伯亚德和李（Byad and Li，2006）的研究也发现，在期权授予日之前股票具有负的累计超额回报，而在授予日后具有正的累计超额收益，这表明管理层存在选择股权激励计划授予时间的择时行为。

大卫和卡兹尼克（David and Kasznik，2000）发现 CEO 在股票期权授予前后，采取机会主义的自愿披露决策来最大化股票期权报酬，通过推迟利好消息、不断披露利空消息来改变投资者的预期。阿布迪和卡兹尼克（Aboody and Kasznik，2000）研究了CEO 是否在股票期权授予日前后对公司自愿披露行为进行操控，发现在授予期权的前三个月内，分析师对该类公司的盈余预测准确度明显降低，且低估盈余。同时，在授予股票期权之前的一段时期内，公司股票超额收益为负，在授予后则有正的超额收益。这表明管理层在授予股票期权前后存在操纵自愿性信息披露的择时机会主义行为。（Chauvin and Shenoy，2001）的研究提供了类似的证据。

从 1992 年到萨班尼斯—奥克斯利法案（以下简称"SOX 法案"）颁布之前，美国证监会只要求公司在委托书（Proxy Statement）中说明股权激励的有效期和到期时间，这意味着直到委托书公告日，股权激励计划的授予日都是不公开的，并不被投资者知晓，这给了高管实施期权回溯（backdating）的机会。SOX 法案对股票期权进行了严格的规定，在 SOX 法案实施后，公司必须在授予日后两个交易日内向证监会报告股权激励计划，这大大减小了高管进行回溯的空间。

第四节 股权激励影响公司行为的理论分析

随着现代企业制度下公司所有权与经营权的分离，公司治理成为现代公司发展的重要制度保障。而经过近几十年的快速发展，尽管公司治理的内涵和外延都发生了重大的变化，但"保证公司决策的科学化是公司治理最终目标"这一观点已成为学术界与实践界普遍接受的观点。而公司高管作为公司决策的最终制定者和执行者，在公司决策科学化方面起到至关重要的作用，甚至可以说高管激励是决定公司治理成败的最重要因素。因此，保证公司战略决策的科学化是高管激励有效性的重要评价标准，本章的研究逻辑也是通过公司决策行为来考察股权激励的有效性。

如前所述，现有的关于股权激励是否有效的研究主要集中在高管年薪、持股和公司绩效方面，而忽略了公司的决策行为。由于公司治理和公司绩效存在内生性，文献对两者之间关系研究的结论也争议颇大，大量研究相继得出了倒"U"形、"N"形、倒"N"形、"M"形、"W"形的非线性结论。这些研究给了我们的一个启示，股权激励对公司绩效的影响可能并不是直接得到的，而是通过传导机制实现的，且这种影响可能是通过公司具体的实际经营活动来实现的。根据产业组织理论的 SCP 模型，一些研究开始采用"公司治理——公司行为——经济绩效"的范式，通过探讨公司治理与公司行为之间的关系来研究公司治理要素对公司价值的影响。企业的风险选择是政策选择中的一项重要决策，对企业发展和经济增长具有重要的影响。

高管所面临的外部环境越复杂，环境的不确定性越高，经理人决策的价值就越大，而激励契约的主要目的是使高管可以作出正确的决策。当前的一系列研究从公司经营集中度、投资政策、财务政策的角度考察了股权激励如何影响公司的风险政策。集中投资于相对高风险但是高产出的项目是有利于经济长期发展的，罗杰斯（Rogers，2002）研究发现股权激励增加了公司的经营集中度，股权激励和公司的经营集中度存在正相关关系。从投资政策的角度看，相对于固定资产、机器和设备等资本性投资，R&D投资被认为是高风险的投资。从经营风险的角度看，R&D投资所服务的市场一般位于产品生命周期初期，市场不确定性较大。从财务风险的角度看，R&D投资形成资产的专用性程度较高，且资产周转率较低，由此导致资产流动性降低，公司的财务风险被放大。当企业的风险承担较高时，企业会减少资本性支出投资而转向增加R&D投资。科尔斯（Coles，2006）等研究发现实施股权激励的公司，R&D投资较高，而资本性支出较少。从财务政策的角度，詹森（Jensen，1976）等发现股东具有投资于高收益、高风险项目的动机，特别是企业负债比较高的时候，这种动机更为强烈。因为当项目成功时，股东可以获取大部分的收益，但如果项目失败，则由债权人承担大部分的损失，这种现象也被称为资产替代。科恩（Cohen，2000）等发现Vega同风险承担存在正相关关系，高Vega的公司会提高资产负债率。

考虑到中国特殊的制度环境，有必要考虑不同产权性质下，股权激励合约是否发挥了激励作用。相对于民营企业，政府干预与控制国有上市公司是一种常态。国有企业在各类"限薪令"的压制下，货币薪酬未与市场接轨，股权激励的推行基于国有资产流失隐患的担忧也是如履薄冰。与此同时，国有企业"所有者缺位"的产权特性又使得真实股东缺乏行使权力的基础，为高管权力滥用提供了可乘之机。在外部薪酬管制以及内部高管权力滥用的双重影响下，国有企业的股权激励合约难以有效发挥激励作用。国有企业高管职务来源也多数出于行政任命或委派，并不完全是通过经理人市场进行选择的结果。国有企业仍旧保留着兼顾社会公平、充分就业等非利润目标，国有企业高管更加看重企业平稳发展以保证各方利益而不愿承担更高的风险。而对民营企业而言，自从2010年创业板问世以来，不少高成长和高科技类民营企业在创业板上市，为了吸引或者挽留优秀的高管人员，很多公司都实施了股权激励计划。初创型高科技企业需要大量的研发支出以及较高的资产负债比例，所面临的风险要远高于国有企业。与此同时，民营企业大多处在高度竞争的领域，它们愿意制定野心勃勃的战略以期在市场竞争中获胜。因此，相对于国有企业，民营企业的股权激励会导致更高的风险承担水平。

另外，除了从正面激励效应的角度考察股权激励的有效性之外，本章还从股权激励合约的设计入手，考察合约在执行过程中是否存在机会主义来衡量股权激励合约的合理性。不同于欧美等发达国家实施的标准股票期权制度，我国在设计股权激励方案时，采用了业绩型股权激励制度。这样做的优点是可以避免运气薪酬，尤其是在牛市中，即使业绩一般，管理层也能顺利行权。业绩型股权激励可以防止股权激励变成授予管理层的一项福利，证券监管层和国资部门对股权激励施加了严格的限制条款。但是，业绩型股票期权也有缺点，主要包括两个方面：第一，业绩型股权激励更容易诱发盈余管理。中国的业绩型股权激励计划都包含了多个行权期或解锁期，每一期的行权或解锁都设置了详细的业绩条件，为了达到业绩条件，高管在股权激励实施前和整个激励有效期内都有很强的动机对盈余进行操纵。第二，中国的业绩型股权激励采取"一次授予、分期行权或解锁"，授予高管的每一个激励计划都包含了多个（一般为3个）行权解锁期，每一个行权解锁期都设置了相应的业绩条件。在股权激励计划方案实施后，为了均匀和尽可能多地行权解锁，上市公司高管有在整个行权解锁期内平滑利润的动机，当业绩较高时会隐藏利润，为以后的行权解锁留有余地；当业绩较差时，会提高绩效以尽量满足行权解锁条件。

　　因此,本章股权激励有效性包括两个方面的内容:一方面,遵循"股权激励——公司决策行为——公司绩效"的路径考虑股权激励的激励效应,并且按照产权性质进一步分析不同产权背景下股权激励的激励效果;另一方面,结合中国业绩型股权激励制度的特点考察股权激励中的机会主义行为,如果股权激励方案在授予到行权完毕的各个过程中,存在操控利润、盈余管理、操控信息披露等行为,我们就认为股权激励难以发挥有效性。

中国上市公司股权激励
有效性研究
Chapter 4

第四章 股权激励对风险
承担的影响研究

高管的薪酬主要包括三个部分：工资、基于会计利润的奖金和基于股票的激励（包括股票和股票期权）。其中工资是固定薪酬，起到激励作用的主要是奖金和股票。奖金和会计利润挂钩，会计利润关注更短期绩效和历史业绩。股票价值是企业未来现金流的折现，反映了市场预期，而且期权的行权期也比较长，使得高管更关注长期绩效。股票型薪酬主要包括限制性股票和股票期权两种形式，但是两者也有差别。股票在被授予的时候是有内在价值的，如果股价下跌，高管财富就面临损失，高管持股的一个潜在成本就是这种线性支付工具会使得风险规避的经理采取措施来减少相对高风险、正 NPV 的项目。而股票期权是一种看涨期权，当股票价格高于行权价格时候，持有人获得市场和预购价之差，当股票价格低于行权价格时候持有人不遭受损失。它不但可以将高管的薪酬同公司业绩挂钩，减少两权分离下的代理问题，作为一种凸性薪酬工具，还能激励风险规避的高管选择更高的风险承担。最优的薪酬契约设计要兼顾当事人双方的利益共享和风险承担，而股票期权同时具有风险承担激励和利益趋同激励两种效应。

本书以试行办法出台后，2006~2014 年授予股票期权（ESO）的公司作为研究样本，将股票期权的激励效应分解为利益趋同效应（Delta）和风险承担效应（Vega），检验了股权激励和风险承担之间的关系，并进一步分析了经济后果，以期为我国的股权激励实践提供理论贡献和经验支持。研究结论表明，在控制了高管财富—股票价格敏感性（Delta）和其他的控制变量之后，高管财富—收益波动率敏感性（Vega）与公司风险承担显著正相关，Vega 提高了企业的经营集中度和资产负债率，但是并没有促进 R&D 投资，而 Delta 却与 R&D 投资显著正相关。本书使用投资—投资机会敏感度来进一步检验风险承担的经济后果，研究结果表明，风险承担改善了企业的资本配置效率，但是这种效率改善更多体现在民营企业而非国有企业。

第一节 理论分析和研究假设

自20世纪80年代末期,美国公司开始大量使用股权激励计划,股权激励计划在美国、日本、英国以及其他欧洲国家得到了广泛的发展并取得了良好的效果。人力资源咨询公司Hewitt的调查表明,年收入100亿美元以上的公司最高管理层股权激励占全部薪酬的比重,从1985年的19%上升至2010年的65%。在美国前500强企业中,80%的企业采取了以股票期权为主的股权激励计划。在国内,股权激励推出的时间不长,但是发展很快。证监会于2005年12月31日颁布《上市公司股票期权激励管理办法(试行)》(以下简称"试行办法")为中国的股权激励拉开了序幕,接着证监会又在2008年连续推出三个备忘录,为我国股权激励提供了法律依据。股权激励作为一种长效激励机制,在新一轮国资改革中也被寄予厚望,山东、上海、广东等地颁布的国资改革方案均指出,要通过股票期权等对高级管理人员和核心技术人才实施股权激励,完善注重长效的激励约束分配机制。资料显示,截至2014年底共有526家公司推行了股权激励计划,按照激励标的物类型划分,有接近70%的公司选择的是股票期权激励。

不过也有研究认为股权激励不但没有解决代理问题,反而成为高管寻租的工具,管理层权力使得高管薪酬的大幅攀升,董事会被高管控制,高管可以决定薪酬制定的过程。国内的研究也大多遵循这个视角,吕长江等认为我国股权激励的动机是出于福利的目的,股权激励没有减轻代理成本,却成为代理成本的结果。吕长江、吴育辉等以公布股权激励计划草案的公司为样本,研究股权激励方案的特征及其激励效应,结果发现计划草案体现出高管自利行为。肖淑芳等研究了我国股权激励计划公告前的盈余管理，发现在股权激励计划公告日前的三个季度，经理人通过操纵"操纵性应计利润"进行了向下的盈余管理。

分析股权激励究竟体现了最优契约理论还是管理者权力理论，首先需要度量出股权激励的激励效应。但遗憾的是，目前我国大部分的研究仅仅把推出股权激励计划作为分类变量。（1）一些文献直接采用高管持股比例或是将股票期权、股票以及高管持股加总来代替股权激励。高管持股比例是一个静态值，它可能是多年保持不变的，但是价值却会发生很大变化。持股比例相同的两个高管，其中一家公司的股价大幅上升，而另一家大幅下跌，所带来的激励作用肯定是不同的，詹森和墨菲（Jensen and Murphy，1990）指出高管持股和期权的价值变化量日益成为高管薪酬最重要的组成部分。（2）大量文献把推出股权激励的公司整体作为研究样本，并没有深入到股权激励的具体结构——期权或是限制性股票，而这两种方式的激励机制是不同的。（3）大多数研究关注的是股权激励的授予阶段或是股权激励草案的设计，对后续的行权问题研究不足，而目前我国的股权激励大多已进入可行权阶段。

所有权和控制权的分离催生了现代企业的代理问题，形形色色的道德风险集中表现为经理的偷懒、卸责、无效率的投资决策、自我交易行为。由于信息不对称，股东并不能完全观察到经理的行为，股东只能通过将薪酬与企业绩效挂钩来间接衡量管理层的努力程度，通过提供股权激励使得经理采取行动增加公司价值。设计良好的经理薪酬契约被认为是实现经理人目标和股东目标兼容的主要机制之一。詹森和墨菲（Jensen and Murphy，1990）首次使用高管薪酬—股票价格的敏感性来度量股权激励的利益协同效应，结果发现公司价值每增长1000美元，CEO财富仅仅增长3.25美元，他们认为对高管的激励是明显不足的。20世纪80年代以来随着期权的大量引入，截至20世纪90年代末期公司价值每上升

1000美元，CEO的财富已经增加到25美元。但是，一些研究认为高管薪酬—公司业绩敏感性的提高并没有增加企业价值。豪布里希（Haubrich，1994）指出如果高管持股可以减轻股东和高管之间的利益冲突，为什么不授予高管100%的股权呢？他认为詹森和墨菲（Jensen and Murphy，1990）关于高管薪酬—公司业绩敏感性的研究只考虑了股东和高管的利益协同效应，而忽略了当事人之间的风险承担。

对比标准委托代理模型，文献的另一个分支研究了股权激励的风险承担问题。史密斯和斯图斯（Smith and Stulz，1985）等指出高管的人力资本以及个人财富大部分投资于所在公司，这些高度专用性的资产很难被分散化，相对于股东而言，他们是风险规避者，会放弃相对高风险、正NPV的项目。高管的期望报酬随着股票的波动性而增加，将股票期权授予风险规避的高管会促进他们更高的风险承担。德弗斯科（DeFusco et al.，1990）发现在股票期权引入后，1978~1982年股票回报的方差随着期权授予量的增加而增加。阿姆斯特朗和瓦西施塔沙（Armstrong and Vashishtha，2012）发现薪酬—股票收益波动率的敏感性（Vega）会促使风险规避的经理人增加公司的风险承担，他们进一步把公司风险分为系统性风险和特质性风险，结果发现公司风险的增加更多体现为高管可以对冲的系统性风险。洛（2009）以外生事件的冲击来规避薪酬和风险承担之间的内生性，研究发现特拉华州并购法案重新制定后，Vega较低的公司，公司风险下降程度更大、股东财富下降程度更高。格姆雷和麦莎（Gormley and Matsa，2011）发现公司面临商业环境改变时，薪酬—股票收益波动率的敏感性（Vega）减缓了公司风险的下降程度。

国内关于高管激励的文献大多围绕利益协同激励展开，而对风险承担问题关注比较少。少数文献注意到了高管薪酬的风险承担效应，洪正等（2014）发现银行高管薪酬激励与房地产信贷风险正相关，他们认为高管薪酬增加时银行有较强的冒险动机，张瑞君等（2013）发现中国上市公司货币薪酬在一定程度上能够激励公司承担风险的水平。不过，这些研究也只考虑了基于会计绩效的货币薪酬，忽略了股票型薪酬，实质上起到风险承担激励的更多是股票型薪酬。还有一些文献研究了高管持股对风险承担的影响，李小荣等研究发现高管持股和风险承担呈现倒"U"形关系，即在某临界点之前，高管持股能激励高管选择更高的风险承担，当高管持股超过某一临界点，高管会追求更多的私人利益。苏坤发现股权激励有助于管理层克服风险规避倾向，促使管理层更注重公司长期利益，降低公司代理问题，进而促进公司风险承担。

基于以上分析，激励契约要同时面临两个问题：一是不对称信息下的收入转移；二是不同风险态度当事人之间的风险承担，最优契约需要在利润共享和风险共担之间达到一个平衡。本文使用高管财富—股票价格的敏感性（Delta）来衡量利益协同激励，使用高管财富—股票收益波动率的敏感性（Vega）来衡量风险承担激励，本章研究的重点是股权激励的风险承担效应，因此得到以下假设：

H4.1：高管财富—股票收益波动率的敏感性（Vega）越高的公司，其风险承担水平越高。

还有部分文献认为股权激励通过影响高管的政策选择进而影响风险承担，这些文献关注股票期权影响公司风险承担的政策选择。高管所面临的外部环境是复杂的，环境的不确定性越高，经理人决策的价值更大。霍姆斯特罗姆（Holmstrom，1979）指出高管制定公司的战略、制定财务政策、决定投资政策，激励契约的主要目的是使高管可以作出正确的政策选择。企业的风险选择是政策选择中的一项重要决策，风险选择对企业发展和经济增长具有重要的影响。一系列的研究从公司的经营集中度、投资政策和财务政策的角度考察了股权激励如何影响公司政策。从经营集中度的角度，阿西莫格鲁（Acemoglu，1997）等认为经营分散化虽然可以增加资产投资组合的安全性，但是大量的资产投资于低回报率的项目，会减慢资本积累的进程，集中投资于相对高风险但是高产出的项目是有利于经济长期发展的。罗杰斯研究发现股权激励增加了公司的经营集中度，高管财富—股票收益波动率的敏感性（Vega）和公司的经营集中度存在正相关关系。从投资的角度，相对于固定资产、机器和设备等资本性投资，R&D 投资被认为是高风险的投资，如果企业的风险承担较高时，企业会减少资本性支出投资而转向增加 R&D 投资，科尔斯等研究发现较高的 Vega 促进了企业的 R&D 投资，而抑制了企业的资本性支出投资。从财务政策的角度，科恩（Cohen，2006）等发现 Vega 同风险承担存在正相关关系，高 Vega 的公司会提高资产负债率。基于以上分析，我们可以得到以下假设：

H4.2-1：高管财富—股票收益波动率的敏感性（Vega）越高的公司，其经营集中度越集中。

H4.2-2：高管财富—股票收益波动率的敏感性（Vega）越高的公司，其 R&D 投资水平越高。

H4.2-3：高管财富—股票收益波动率的敏感性（Vega）越高的公司，其负债率越高。

第二节　研究设计

一、样本选择

本章的样本区间选择的是 2006~2014 年，因为 2005 年 12 月 31 日证监会颁布《上市公司股票期权激励管理办法（试行）》后股权激励才正式实施，但是本章并没有包括 2013 年和 2014 年新推出期权激励的公司，这样做的原因是股权、期权都有一个等待期和比较长的可行权期，而在等待期结束之后需要满足业绩条件才能正式进入可行权状态，新推出的期权方案很可能被否定或是调整，因此只保留2013年之前推出期权激励方案的公司，并对观测样本进行如下的筛选：（1）排除掉《上市公司股票期权激励管理办法（试行）》（以下简称《办法》）颁布之前，股权分置改革时承诺推出股权激励计划的公司，这类激励方案大都发布在《办法》公布前，并不完全符合规定，与《办法》发布之后公布的股权激励不完全一样；（2）由于金融、保险业公司的应计利润具有特殊性，所以剔除掉金融和保险业公司；（3）本章关注的是高管的风险承担，所以剔除掉激励对象主要为中层技术人员的公司；（4）剔除掉股权激励方案没有达到第一个行权期而直接取消的公司。经过这样的处理，一共获得了1171个公司—年度样本值。本研究所使用的财务数据和高管个人信息、报酬数据来源于国泰安数据库。期权定价模型中的授予价格、行权价格、成熟期、授予数量来自《期权激励的草案及其修正案》《股权激励授予公告》和《股权激励实际行权公告》并经作者手工整理，相关的《草案》以及《决议公告》来自万得（Wind）金融资讯终端和巨潮资讯，无风险利率来自中国人民银行所公布的存款基准利率。

结合中国式的业绩型股票期权，在此简单说明一下采用Black—Scholes期权定价模型所需数据的采集过程。与英美等国的传统型股票期权方案有所不同，中国的股票期权方案有两点不同，第一，行权标准不同。美国传统股票期权的行权条件主要为服务期限，传统股票期权只要过了等待期，自动进入可行权状态，而中国的业绩型股票期权还与会计绩效或其他指标相关，必须达到相应的业绩条件才能行权；第二，授予方式不同。美国传统的股票期权是逐步分批授权给管理层的，期权有效期也比较长，一般为10年，我国的股票期权采取了"一次授予、分期行权"，授予

第四章 股权激励对风险承担的影响研究

高管的每一个激励计划都包含了多个（3~5个）行权期。这就造成虽然是一份期权，但是却有3~5个不同的期权价值。股权激励计划的实施过程如图4.1所示。

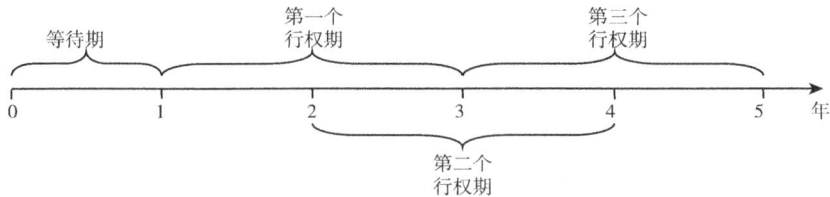

图4.1 股权激励计划的行权过程

本章需要确认成熟期、与之相对应的无风险利率并根据实际行权情况对期权数量进行调整。本章以分三期行权、每次可行权比例为40%、30%、30%，有效期为5年、等待期为1年、每个可行权期为2年的股票期权方案为例，讲解中国股权激励的实施过程。当董事会提出、证监会备案、股东大会审议通过股权激励计划之后，在董事会选定的授予日授予高管期权，股权激励计划即进入正式实施阶段。在经过一定时间的等待期后，来到第一个行权考核期，如果达到所规定的业绩条件，则第一份40%的期权就进入第一个可行权期，在第一个可行权期结束之后，该份期权如果没有行权，就作废。在第二个可行权日来到时，如果达到业绩考核条件，第二份30%的期权进入可行权期，直到行权期结束该份期权作废。由此类推，第三份30%的期权的可行权期也是如此。因此，虽然整份期权的有效期是5年，但是第一份、第二份、第三份期权必须在3年、4年、5年内行权完毕，每份期权的有效期就是3年、4年、5年。与之对应的市场无风险利率本章采用中国人民银行制定的存款基准利率来替代，由于没有公布4年的利率标准，本章就使用3年、5年存款利率的平均值来取代。还有一个难点就是对于期权数量的调整，当期权经过授予以及等待期之后，就进入可行权期。需要在每年的资产负债表日对期权数量进行调整，主要涉及三个方面：第一，因标的股票除权、除息或其他原因需要调整期末期权数量；第二，到达行权期后，需要符合当年的业绩条件才可以进入可行权状态，如果公司发布未达标的公告就需要对该部分期权进行注销；第三，当满足了业绩条件后，授予人就可以根据实际情况自主行权，有些高管会自动放弃行权。因此，本章根据每年高管持股变动情况并查找具体原因得知当年该高管是否行权，经过上述三种情况的调整之后，得到最终持有期权的数量。

二、模型设定和变量定义

根据科尔斯（Coles，2006）等的方法，本章首先检验期权激励是否会影响公司高管的风险承担，其次检验了期权激励如何影响高管的决策选择（包括多元化、投资决策和财务决策）。为了规避内生性，本研究将期权激励进行一阶滞后处理，因变量为公司的投资策略、财务策略和公司风险，自变量为期权所带来的利益趋同激励 Delta 和风险承担激励 Vega。在模型中本研究还加入了文献中常见的控制变量，包括规模、自由现金流、投资机会、成长性、CEO 的任期、CEO 的现金薪酬等。本研究检验 Vega 是否会影响到公司的风险承担以及决策选择，使用如下回归模型：

$$\text{Risk}_{i,t} / \text{Policy}_{i,t} = \beta_0 + \beta_1 \text{Vega}_{i,t-1} + \beta_2 \text{Delta}_{i,t-1} + \beta_3 X_{i,t} + \sum_{i=1} \text{IND} + \sum_{i=1} \text{Year} + \varepsilon_{i,t} \quad (4.1)$$

模型中涉及的变量有：

1. 自变量：遵循科尔（Core，2006）等的方法，本章将 Delta 定义为股票价格变动 1% 所带来高管财富的变化，将 Vega 定义为股票波动率变动 0.01 所带来高管财富的变化。需要说明的是，跟已有的文献一致，本研究使用总经理作为高管的代表，主要有两方面原因，一方面，总经理是公司的战略方向、政策选择的主要责任人；另一方面，经本研究统计，有70%的公司都将总经理作为最主要的激励对象，使用总经理更具有代表性。

本章参阅了各个公司所发布的《股票期权激励计划草案修订案》，发现绝大多数公司均使用期权定价模型来计算期权价值，《企业会计准则》要求期权价值以授予激励对象权益工具的公允价值来计量，并在等待期的每个资产负债表日按照权益工具在授予日的公允价值，将当期取得的服务计入相关资产成本或当期费用。因此，我们认为期权定价模型也是符合中国实际情况的，我们使用经过分红修正墨顿（Merton，1973）的 Black – Scholes 期权定价模型来度量股权激励。

期权公式中的六个变量定义采用瓜伊的方法：（1）X：股权激励草案修正案所公告的行权价格；（2）S：股票的年度收盘价；（3）σ：年化波动性，使用股票日收益率标准差，并进行年化处理；（4）T：成熟期（以年计），按照每次的授予比例，分别计算有效期；（5）r：无风险利率 = $\ln(1 + $银行基准存款率$)$，每个有效期所对应的银行基准存款率；（6）d：股利分配 = $\ln(1 + $预期股利支付率$)$，其中预期股份支付率为当年度的每股股利/期末的股票价格。得到前六个参数之后，就基于经股利调整的 Black – Scholes 公式来衡量每一份欧式看涨期权的价值：

$$C = [Se^{-dT}N(Z) - Xe^{-rT}N(Z - \sigma T^{1/2})] \quad (4.2)$$

其中：

$$Z = [\ln(S/X) + T(r - d + \sigma^2/2)]/\sigma T^{1/2} \quad (4.3)$$

$$\partial C/\partial S = e^{-dT}N(Z) \quad (4.4)$$

$$\partial C/\partial \sigma = Se^{-dT}N'(Z)T^{1/2} \quad (4.5)$$

其中，$\partial C/\partial S$ 为期权价值对股价的偏导，$\partial C/\partial \sigma$ 为期权价值对股价波动性求偏导，$N(.)$ 为正态分布的累积概率分布，$N'(.)$

为正态密度函数。根据科尔（Core，2006）等的定义，对于整份期权，Delta 衡量了股价每 1% 的增加所带来期权价值的变化，Vega 衡量了股价波动性每变化 0.01 所带来期权价值的变化。由于中国的股票期权采用"一次性授予，分期行权"，每一期期权都对应于不同的有效期，我们需要按照每期的授予数量，分别计算 Delta 和 Vega，加总得到当年度的 Delta 期权和 Vega 期权。那么对于授予量为 N 份的期权组合来说：

$$Delta = \partial C/\partial S \times 1\% \times S \times N \tag{4.6}$$

$$Vega = \partial C/\partial \sigma \times 1\% \times N \tag{4.7}$$

但是需要说明的是，相对于股票期权来说，持有股票的 Vega 可以忽略不计。此后的研究均使用股票期权的 Vega 来代表整个证券组合的 Vega。但是对于 Delta 而言，当股价变动时候，期权的 Delta 和股票的 Delta 均发生变化，因此需要综合考虑期权的 Delta 和股票的 Delta。

2. 因变量：（1）公司风险承担。目前对公司风险的度量一般有两种方法：一是样本期间公司年度会计绩效或价值的波动。二是股票收益的年度波动率，鉴于本研究是基于股票波动的期权价值，使用企业股票收益的波动率作为风险承担的代理变量，使用股票日收益的年度波动率来衡量，并在稳定性检验里使用周收益的年度波动率作为替代。（2）公司政策。经营集中度（Foucs，经营集中度的赫芬达尔指数）、R&D 投入（R&D，企业研发支出与期末总资产之比）；财务杠杆（Lev，负债与期末总资产之比）。

3. 控制变量。根据本章研究主题，选取企业规模（Size，年末资产的自然对数）、成长性（Growth，营业收入增长率）、投资机会（Tq，托宾 Q）、盈利能力（Roa，总资产收益率）、自由现金流（Cfo，经营活动所产生的现金流量净额）等作为控制变量。为了控制 CEO 的风险规避程度，本研究加入了 CEO 的任期

(Tenure)和 CEO 的现金薪酬(Comp)。同时,本章还控制了行业(Ind)和年度(Year)的影响。以上数据均来自国泰安数据库。

具体的变量定义如表4.1所示:

表 4.1　　　　　　　　变量定义

变量类型	变量符号	变量名称	变量描述
被解释变量*	Risk	风险承担	当年度的日股票回报率的标准差
	Foucs	集中度	前五大部门的营业收入的平方和与总营业收入的平方之比
	R&D	研发支出	企业研发支出与期末总资产之比
	Lev	资产负债率	负债与期末总资产之比
主要解释变量	Delta	股价敏感性	股票价格1%的变化所引起的高管财富的变化
	Vega	收益波动率敏感性	股票波动率0.01个标准差的变化引起高管财富的变化
控制变量	Comp	现金薪酬	现金薪酬的自然对数
	Tenure	高管任期	高管任期加1取自然对数
	Returns	股票收益率	当年度的股票收益率
	Tq	托宾Q	资产的市场价值与期末总资产与之比
	Growth	成长性	营业收入增长率
	Size	规模	期末总资产的自然对数
	Cfo	自由现金流	经营活动所产生的现金流量净额与期末总资产之比
	ROA	总资产收益率	净利润与期末总资产之比
	Tang	有形资产净值	固定资产净值与期末总资产之比

三、描述性统计

本章先对期权激励的公司进行了基本的描述性统计。表4.2

的 Panel A 列出了股票期权计划推出的年度,统计了 2005 年 12 月 31 日《上市公司股票期权激励管理办法(试行)》颁布之后推出股权激励计划的公司。由 Panel A 可知,期权激励公司呈现逐年增多的趋势。而从产权性质来看,受制于国资委和财政部所制定的更严格的股权激励规范,国有上市公司推出股权激励较少,而绝大多数样本公司来自民营企业。表 4.2 的 Panel B 是激励公司的行业分布,期权激励公司大都集中在制造业和信息技术业,可见高科技产业推出期权激励的概率更高。表 4.2 的 Panel C 是激励公司的板块分布和最多授予者的职位分布,结果显示中小板推出期权激励的公司最多,虽然创业板推出的时间不长,但是也有 51 个样本值,表明高成长公司更愿意推进股票期权。而根据最多授予者的职位来看,有 133 家公司期权激励计划中授予量最多的职位是总经理,其中还有 28 家公司总经理和董事长授予量相同(包括两职兼任的情况),与此同时,也有 30 家公司授予量最多的职位是其他高管团队成员(主要包括副总经理、董秘、财务总监和销售总监)。

表 4.2　　　　　　　　股权激励公司基本统计

Panel A:样本年份和控制人类型分布

年份	样本量	产权性质	样本量
2006	11	国有企业	28
2007	3	民营企业	146
2008	13	其他	9
2009	7		
2010	22		
2011	63		
2012	64		
总样本数	183	总样本数	183

续表

Panel B：激励公司的行业分布

行业	样本量	行业	样本量
采掘业 B	1	农、林、牧、渔业 A	3
传播与文化产业 L	5	批发和零售贸易 H	8
电力、煤气及水的生产和供应业 D	2	社会服务业 K	7
房地产业 J	6	信息技术业 G	31
建筑业 E	5	制造业 C	111
交通运输、仓储业 F	0	综合类 M	4

Panel C：激励公司的板块分布和最高授予者的职位分布

板块	样本量	职位	样本量
上海主板	36	董事长	48
深圳主板	20	总经理	133
中小板	76	总经理和董事长	28
创业板	51	其他高管团队成员	30
总计	183		183

表4.3 的 Panel A 统计了股票期权的特征变量。根据期权是否有价值，可以将期权分为实值期权（in-the-money）、虚值期权（out-of-the-money）和平价期权（at-the-money）。Price-to-strike 的均值为 2.32，说明平均来说这些期权处于实值期权状态（in the money），行权是有利可图的。行权价格 X 的均值为 11.50，期末收盘价格 S 的均值为 16.35，这也与 Price-to-strike 的结果基本一致。期权成熟期 T 的均值为 2.59，扣除 1 年等待期，期权的可行权期为 1.59 年。期权的历史波动率 Sigma 的均值为 0.43，中位数为 0.41。而公司的派息比均值为 0.01，中位数也为 0.01，说明各个公司的现金股利政策基本一致。Panel B 统计了高管特征变量，高管薪酬综合了货币薪酬、普通股和期权三个部分。其中现金薪酬自然对数（Comp）的均值为 13.09，中位数为 13.12。股

票期权自然对数（Option）的均值为6.84，中位数为0，主要是因为有些公司直到2012年才推出股权激励方案，之前的年度样本点不持有期权。股票价值自然对数的均值为10.93，而标准差达到了9.21，揭示出总经理持股存在相当大的差异度。Panel B的前三项构成了高管的整个薪酬结构，但是詹森（Jensen，1976）等指出，高管所持有的股票和期权的动态变化值（Delta和Vega），日益成为高管薪酬的重要组成部分。仅仅考虑期权的情况下，Delta的均值为4.88，而Vega的均值为4.48，同时考虑股票和期权的情况下，Delta的均值达到了9.79。Panel B同时也描述了薪酬—股票价格的敏感性（Delta）和薪酬—股票波动性的敏感性（Vega）。Panel C包括了公司特征的控制变量，公司规模（Size）的均值为21.80，公司成长性（Growth）的均值为0.33，公司投资机会（Tq）的均值为2.59，股票回报率（Returns）的均值为0.16。Panel D描述了公司的风险承担，其中日收益波动率（Risk）平均为0.07，但是样本间差异较大。公司的决策变量中，投资决策（R&D）的均值为0.01，资本性投资的均值为0.03，财务杠杆（Lev）的均值为0.43，经营集中度（Foucs）的均值为0.71。

表4.3　变量的描述性统计

变量	均值	标准差	中位数	最小值	最大值
Panel A 期权特征					
Price-to-strike	2.32	4.17	1.26	0.23	56.80
X	11.51	8.25	9.30	0.63	54.52
S	16.35	11.52	12.93	2.08	84.70
Sigma	0.43	0.10	0.41	0.22	0.84
T(year)	2.59	1.69	2.50	0.00	11.00
R	0.03	0.02	0.04	0.00	0.05
D	0.01	0.01	0.01	0.00	0.23

续表

变量	均值	标准差	中位数	最小值	最大值
Panel B 高管特征					
Comp	13.09	0.90	13.12	9.21	16.43
Option(value)	6.84	7.31	0.00	0.00	20.39
Stock(value)	10.93	9.21	15.51	0.00	24.50
Vega(option)	4.48	4.92	0.00	0.00	12.89
Delta(option)	4.88	5.20	0.00	0.00	14.61
Delta(option+stock)	9.79	6.17	11.70	0.00	19.90
Tenure	1.65	0.51	1.61	0.00	3.00
Panel C 公司特征					
Size	21.80	1.26	21.55	19.24	26.66
Growth	0.33	0.82	0.21	-0.89	12.81
TQ	2.59	2.07	2.01	0.13	14.68
ROA	0.06	0.11	0.06	-1.41	2.57
Returns	0.16	0.78	-0.02	-0.88	5.15
Panel D 风险承担					
Risk	0.07	0.25	0.03	0.01	4.61
R&D	0.01	0.03	0.00	0.00	0.22
Lev	0.43	0.26	0.42	0.01	3.33
Foucs	0.71	0.34	0.88	0.00	1.00

第三节 实证检验结果

一、股权激励和风险承担

表4.4列出了股权激励和企业风险承担之间关系的检验结果。

由表4.4第（1）列可以看出，在全样本下，风险承担激励（Vega）的系数在1%的显著性水平上为正，说明高管的期望报酬也会随着股票的波动性而增加，股票期权会激励风险规避的高管选择更高的风险承担水平。这意味着风险承担激励较高的公司，在投资决策过程中更少放弃那些风险高但具有正预期净现值的投资项目，有较强的冒险动机。利益协同激励效应（Delta）和风险承担之间的关系并不直接。Delta的系数在10%的显著性水平为负，这表明授予股票期权后，高管薪酬—公司业绩敏感性增加，股价下跌会导致高管薪酬下跌，因此高管倾向于规避风险。控制变量方面，托宾Q和公司的风险承担正相关，表明拥有越多投资机会的公司，风险承担水平越高。高管的任期同风险承担负相关，说明高管任期越长，越趋向于规避风险，这些都与前述研究结论一致。

本章进一步按照产权性质，把样本分为国有企业和民营企业，并分别验证两者股票期权的风险承担效应。由表4.4第（2）列可以看出，风险承担激励（Vega）的系数在5%的显著性水平上为正，说明民营企业股票期权起到了风险承担激励效应，激励风险规避的高管选择更高的风险承担水平。由表4.4第（3）列可以看出Vega的系数为正但是不显著，说明国有企业股票期权并没有起到风险承担激励效应。对比分析第（2）列和第（3）列结果的不同，原因可能是国有企业的薪酬管制会导致高管激励契约设计难以发挥作用，国有企业高管的行政任命以及国有企业兼顾社会公平、充分就业的非利润目标使得国有企业高管更加追求控制权回报、政治晋升等隐性激励，而对股权激励的敏感性不足。辛宇等研究了国有企业股权激励的定位困境问题，他们认为国有企业股权激励因兼具激励、福利和奖励而定位不清，并没有产生良好的激励效果。而样本中的民营企业，不少都处于高竞争、高成长和高科技行业，他们愿意承担更多的风险以期在市场的竞争中获胜。因此，相对于国有企业，民营企业的股票期权更容易发挥风险承担激励效应。

综上所述，假设 H4.1 得到证实，即较高的高管财富—股票收益波动率的敏感性（Vega）会导致较高的风险承担水平，但国有企业由于薪酬管制、高管行政任命等因素，股票期权的这种风险承担效应没有民营企业表现得明显。

表 4.4　　　　　　　　股权激励和风险承担

	总样本（1）	民营（2）	国有（3）
$Delta_{t-1}$	−0.000174 * (−1.71)	−0.000206 (−1.65)	−0.000262 (−1.12)
$Vega_{t-1}$	0.000177 *** (2.99)	0.000157 ** (2.32)	0.000332 (1.60)
Returns	0.00191 *** (3.37)	0.00187 *** (4.17)	0.00212 (0.71)
Lncomp	−0.000139 (−0.27)	−0.0000922 (−0.18)	−0.000217 (−0.16)
Size	−0.00111 *** (−3.58)	−0.000327 (−0.72)	−0.00149 ** (−2.45)
Tenure	−0.00130 * (−1.91)	−0.000945 (−1.47)	−0.000885 (−0.47)
Tq	0.000773 ** (2.35)	0.00149 *** (3.41)	−0.0000264 (−0.06)
Roa	−0.00602 (−1.59)	−0.0333 *** (−5.23)	0.000730 (0.23)
Growth	0.000578 (1.59)	0.000603 ** (2.41)	−0.000816 ** (−2.18)
Lev	−0.000159 (−0.05)	−0.00205 (−0.63)	0.00100 (0.21)
Year	YES	YES	YES
Ind	YES	YES	YES

续表

	总样本 (1)	民营 (2)	国有 (3)
_cons	0.0773 *** (12.64)	0.0423 *** (4.42)	0.123 *** (11.02)
N	960	772	188
adj. R^2	0.297	0.290	0.412

注：括号内数值为 t 值，并经 White 异方差调整，下同。

二、股权激励和公司政策

表 4.5 列出了股权激励和公司政策选择之间关系的检验结果，本章分别从经营集中度、投资政策和财务政策三个方面研究期权激励和政策选择之间的关系。可以看出，股票期权的风险承担效应 Vega 和公司经营集中度以及资产负债率的回归系数均显著为正。以集中度作为被解释变量，结果发现 Vega 的系数在 5% 的显著性水平上为正，表明高 Vega 的公司所在企业的经营集中度更高；以财务杠杆为解释变量，结果发现 Vega 的系数在 1% 的显著性水平上为正，表明高 Vega 的公司选择了更为激进的财务政策验证了假设 H4.2-1、H4.2-2、H4.2-3。此外，Vega 的系数同 R&D 投资负相关，股票期权的风险承担效应会导致更高的 R&D 投资的假设并没有得到支持，原因可能是大量企业 R&D 投资为零，虽然 Vega 发挥了风险承担效应，但并不是通过 R&D 投资的路径，而是通过经营集中度和资产负债率等其他渠道实现的。本章样本企业 R&D 投资的均值只有 1%，可见 R&D 投资强度偏低。股票期权的利益协同效应 Delta 与投资政策正相关、与财务政策负相关。以 R&D 投资作为被解释变量，Delta 系数在 1% 的水平上显著为正，表明 Delta 起到了利益协同效应，促进了企业 R&D 投资；

第四章 股权激励对风险承担的影响研究

以财务杠杆为解释变量，Delta 的回归结果显著为负，表明较高的 Delta 将高管暴露在高风险之中，高管会减少资产负债率以降低风险。在控制变量方面，公司规模和集中度负相关，意味着规模更大的公司更倾向于多元化；托宾 Q 和 R&D 投资正相关，表明拥有更好投资机会的公司其研发支出更高；自由现金流和 R&D 投资负相关，表明以自由现金流所度量的融资约束公司，研发支出较少。

总之，假设 H4.1 虽然验证了 Vega 和风险承担水平正相关，但是本章只能够观察到股票收益波动率变动的最终结果，仍旧不能打开企业的黑箱。假设 H4.2-1、H4.2-2、H4.2-3 按照"股权激励——公司行为——公司风险承担"的分析框架，研究了股权激励对风险承担的传导机制，回归结果基本得到验证。表 4.5 的检验结果表明，Vega 对风险承担的影响可能是通过增加公司集中度和提高财务杠杆来实现的，股票期权的风险承担效应影响了公司的经营决策。

表 4.5　　　　　　　股权激励和公司政策

	(1) Foucs	(2) R&D	(4) Lev
$Delta_{t-1}$	-0.00303 (-1.58)	0.000580 *** (4.21)	-0.00516 *** (-3.58)
$Vega_{t-1}$	0.00569 ** (2.26)	-0.000395 (-1.36)	0.00533 *** (3.97)
Lncomp	0.0263 * (1.84)	-0.00180 (-1.50)	-0.0129 (-1.04)
Size	-0.0743 *** (-6.27)	0.000893 (1.19)	0.0780 *** (13.69)
Tenure	0.0446 ** (2.07)	-0.000821 (-0.49)	-0.0348 * (-1.80)
Tq	0.00721 (1.19)	0.00255 *** (4.42)	-0.00701 (-0.54)

续表

	(1) Foucs	(2) R&D	(4) Lev
Roa	0.121* (1.88)	-0.0118 (-1.23)	-0.405 (-0.70)
Growth	0.00640 (0.67)	-0.00123 (-1.38)	-0.0134 (-1.34)
Lev	-0.0256 (-0.46)	-0.0183*** (-3.78)	
Cfo		-0.0157* (-1.83)	
Tang			-0.588* (-1.79)
Year	YES	YES	YES
Ind	YES	YES	YES
_cons	2.090*** (8.74)	-0.0145 (-0.80)	-0.923*** (-4.63)
N	960	960	960
adj. R^2	0.150	0.125	0.421

三、进一步的检验

期权激励虽然改变了高管的风险承担程度，但是否为效率促进仍需进一步检验。本章进一步分析风险承担的经济后果，以期为股权激励如何影响最终的企业绩效提供一个经验支持。参照以往投资—现金流敏感度研究的文献，本章采用了以下的模型来分析不同风险承担下的企业投资效率差异：

$$Inv_{i,t} = \beta_0 + \beta_1 Tq_{i,t-1} + \beta_2 Risky_{i,t} + \beta_3 Tq_{i,t-1} \times Risky_{i,t} + \beta_4 Cfo_{i,t-1} + \beta_5 X_{i,t} + \varepsilon_{i,t} \quad (4.8)$$

其中，Inv为投资水平，使用企业构建固定资产、无形资产和其他长期资产所支付的现金来衡量（除以总资产），Tq 衡量企业的投资机会，Cfo 为经营活动所产生的现金流（除以总资产），X 所代表的控制变量与前述一致。Risky 代表企业风险承担的水平高低，如果企业的风险承担高于样本均值，则赋值为 1，否则为 0。其中 Tq 和 Cfo 均采用滞后一期的数据。本研究假设较高的风险承担有利于提升企业的投资效率，即交互项的系数应为正。

检验结果如表 4.6 所示。第 1 列是全样本检验的结果，其中 Tq 的系数为正，但是并不显著，而交互项的系数在 5% 的水平上显著为正，这表明风险承担促进了企业的投资效率。本章进一步按产权性质对公司进行了区分，第（2）列和第（3）列将公司区分为国有和民营两组，结果表明在民营组 Tq 的系数为正，且交互项的系数显著为正，这意味着民营企业的风险承担能提高企业的资本配置效率；而国有组的 Tq 为负，而且交互型系数为正但是不显著，这说明国有组风险承担的提高并没有改善企业的资产配置效率。以上结果意味着，较高的风险承担虽然可以在整体上改善企业的投资效率，但是在民营企业样本组表现得更为明显。

表 4.6 风险承担和资源配置效率

	总样本 （1）	民营 （2）	国有 （3）
Tq_{t-1}	0.000580 (0.47)	0.000744 (0.58)	-0.00142 (-0.72)
$risky \times Tq_{t-1}$	0.00271** (2.04)	0.00314** (1.99)	0.00246 (1.30)
Risky	-0.00564 (-1.30)	-0.00733 (-1.38)	-0.00303 (-0.56)
Cfo	0.0587*** (3.07)	0.0440** (2.23)	0.0897** (2.35)

续表

	总样本 （1）	民营 （2）	国有 （3）
Lev	0.0153 (1.16)	0.00307 (0.27)	0.0438*** (3.42)
Size	-0.00305* (-1.94)	-0.00268 (-1.52)	-0.00420** (-2.38)
Growth	-0.00612*** (-3.35)	-0.00537** (-2.43)	-0.00693*** (-4.55)
Roa	-0.0427** (-2.49)	0.00349 (0.11)	-0.0412*** (-4.46)
Soe	0.00955*** (2.97)		
Tang	0.587*** (9.57)	0.595*** (8.69)	0.551*** (7.68)
Year	YES	YES	YES
Ind	YES	YES	YES
_cons	0.176*** (4.30)	0.0825* (1.85)	0.0693* (1.81)
N	960	772	188
adj. R^2	0.534	0.531	0.613

四、稳健性检验

为了使结果更为稳健，本研究进行了如下的稳健性检验，结果如表4.7、表4.8所示。

1. 内生性。针对股权激励和公司的风险承担以及政策选择之间可能存在的内生性问题，本研究使用了 Vega 和 Delta 的滞后项来避免这一问题。为了进一步减少内生性的问题，本研究还利用工具变量法重新进行检验。根据瓜伊（Guay，1999）和科尔

(Core, 2002) 等的方法, Vega 的工具变量是同年度同行业其他企业 Vega 的均值。

2. 期权定价模型。贝蒂斯 (Betties, 2010) 等指出高管是风险规避的, 他们不会持有期权到截止日期, 因此会损失部分期权价值, 他们将期权的有效期进行了 70% 的折扣处理。研究发现, 高管确实在行权阶段倾向于提前行权, 因此本研究也使用同样的方法对期权的有效期进行处理, 然后重新进行了回归, 最终主要变量的回归结果与前述一致。

3. Delta 的定义。本研究使用股票价格变化所带来的整个证券组合的价值变化来度量 Delta。由于本研究采用的数据均是推行期权激励的样本点, 公司在设计最优契约的时候是综合考虑期权所带来的利润共享和风险承担效应, 因此在稳健性检验部分仅仅使用期权的 Delta 替代 Delta 重新进行了回归, 结果与前述主要结论一致。

4. 风险承担 $Risk_2$。本研究在回归中使用了当年年度股票日收益的波动率 $Risk_1$ 来代表风险承担, 使用当年周收益的波动率 $Risk_2$ 来代表风险承担重新进行回归, 结果发现这种改变并没有影响主要变量的回归结果, Vega 的系数依然显著为正, 并且其他的一些控制变量的结果也与前述基本一致。

5. R&D 投资。因为大量公司并没有进行 R&D 投资, 因此使用 OLS 的方法可能会产生偏误。本文在稳健性检验里使用 Tobit 回归模型, 实证结果依然与前述类似。

表 4.7　　　　　　　　稳健性检验 1

	(1) Risk	(2) Foucs	(3) R&D	(4) Lev
$Vega_{t-1}$	0.00181 ** (2.57)	0.0357 ** (1.98)	0.000466 (0.61)	0.0139 ** (2.13)
$Delta_{t-1}$	-0.000364 *** (-2.77)	-0.00650 ** (-1.97)	0.000147 (1.50)	-0.00580 *** (-3.76)

续表

	（1） Risk	（2） Foucs	（3） R&D	（4） Lev
Returns	0.00168 *** (2.80)			
Comp	−0.000298 (−0.51)	0.0232 (1.56)	−0.000895 * (−1.74)	−0.0138 (−1.15)
Size	−0.000812 ** (−1.96)	−0.0688 *** (−5.18)	0.000262 (0.83)	0.0766 *** (13.39)
Tenure	−0.00167 * (−1.94)	0.0377 (1.62)	0.000172 (0.27)	−0.0349 * (−1.82)
Tq	0.00113 *** (2.72)	0.0134 (1.56)	0.00118 *** (4.23)	−0.00534 (−0.47)
Roa	−0.00611 (−1.62)	0.120 * (1.69)	−0.00346 (−1.62)	−0.358 (−0.70)
Growth	0.000803 ** (1.98)	0.0102 (0.89)	−0.000180 (−0.55)	−0.00784 (−0.83)
Lev	−0.00327 (−1.01)	−0.0853 (−1.11)	−0.00614 *** (−3.07)	
Cfo			−0.00431 (−0.99)	
Tang				−0.574 * (−1.77)
Year	YES	YES	YES	YES
Ind	YES	YES	YES	YES
_cons	0.0420 *** (3.67)	1.259 *** (3.29)	−0.00233 (−0.24)	−1.120 *** (−4.89)
N	960	960	960	960
adj. R^2	0.126	0.040	0.082	0.424

注：括号内数值为 t 值，并经 White 异方差调整，*、**、*** 分别表示 0.10、0.05 和 0.01 的显著性水平。

第四章　股权激励对风险承担的影响研究

表 4.8　　　　　　　　　　稳健性检验 2

	(1) Risk$_1$	(2) Risk$_1$	(3) Risk$_2$	(4) R&D
Delta$_{t-1}$	0.0000588 (1.08)	0.0000208 (0.30)	0.000226* (1.66)	0.000362** (2.13)
Vega$_{t-1}$	0.0000717** (1.97)	0.000109** (1.98)	0.000318*** (2.87)	-0.0000711 (-0.29)
Roa	-0.00615 (-1.55)	-0.00617 (-1.55)	-0.0206** (-2.57)	-0.0645*** (-3.31)
Returns	0.00203*** (3.76)	0.00203*** (3.75)	-0.00303** (-2.17)	
Tq	0.000653** (2.21)	0.000655** (2.21)	0.00248*** (5.55)	
Comp	-0.000352 (-0.75)	-0.000362 (-0.77)	-0.00156* (-1.71)	-0.00351*** (-2.60)
Size	-0.00118*** (-4.03)	-0.00115*** (-3.92)	-0.00179** (-2.55)	0.00472*** (4.52)
Growth	0.000721** (2.08)	0.000722** (2.07)	0.00188** (2.36)	-0.00187** (-2.10)
Lev	0.000800 (0.28)	0.000814 (0.28)	0.00332 (0.92)	-0.0404*** (-6.25)
Cfo				-0.00131 (-0.10)
Year	YES	YES	YES	YES
Ind	YES	YES	YES	YES
_cons	0.0693*** (9.62)	0.0688*** (9.51)	0.167*** (10.45)	-0.0549** (-2.49)
N	960	960	960	960
adj. R^2	0.292	0.292	0.379	

注：括号内数值为 t 值，并经 White 异方差调整，*、**、*** 分别表示 0.10、0.05 和 0.01 的显著性水平。

第四节 本章小结

本章分析了股权激励和企业风险承担之间的关系，并且分析了股权激励影响风险承担的路径机制——企业的政策选择，并进一步检验了风险承担的经济后果。本章以实施股票期权的公司为样本点、以2006~2014年为样本期，使用经分红修正墨顿（Merton，1973）的Black-Scholes模型计算了期权的趋同激励（Delta）和风险承担激励（Vega），使用股票收益的波动率衡量企业的风险承担水平，使用经营集中度、R&D投资、资产负债率衡量企业的政策选择，分析了股权激励同企业风险承担和企业的政策选择之间的关系。研究结论表明，在控制了高管财富—股票价格敏感性（Delta）和其他的控制变量之后，高管财富—收益波动率敏感性（Vega）与公司风险承担显著正相关，Vega提高了企业的经营集中度和资产负债率，但是并没有促进R&D投资，而Delta却与R&D投资显著正相关。与此同时，本章使用投资—投资机会敏感度来进一步检验风险承担的经济后果，研究结果发现，风险承担改善了企业的资本配置效率，但是这种效率改善更多体现在民营企业而非国有企业。

本章拓展了高管激励的相关研究，综合考虑了高管的现金薪酬、高管持股以及股权激励，并且动态地刻画了股票价格变化、股票收益波动率的变化所带来的高管财富变化。股权激励是否有效在学术界引发了很大的争议，已有文献广泛研究了股权激励在方案设计和授予阶段的机会主义行为，而本章则从风险承担的角度为股权激励的激励效应提供了实证支持。风险承担是经济长期持续增长的一项根本动力，在经济发展的中期阶段，资本应该从安全低回报率的投资领域转向高风险高产出的投资领域。本章的研究结论表明股权激励促进了企业的风险承担，为阿瑟莫古鲁（Acemoglu，1997）等、约翰（John，2008）等的研究提供了企业微观层面的证据。按产权性质划分，国有企业股权激励的风险承担效应并没有发挥作用，而且在资本配置效率的改善方面效果也不明显，这从侧面上印证了辛宇等的结论。推行市场化改革，完善中长期激励仍旧是国有企业改革所要面临的长期问题。

中国上市公司股权激励
有效性研究
Chapter 5

第五章 业绩型股权激励对盈余质量的影响研究

股权激励是实现管理层和股东利益一致性的一项重要激励机制，但是设计不当的股权激励不但达不到激励的目的，还有可能造成管理层的机会主义行为。欧美发达市场20世纪80年代以来的经验表明，在实践中股权激励也是一把双刃剑，有其自身的不足之处。第一，公司业绩与管理层薪酬之间的敏感性较差，尤其当股票市场整体处于牛市时，即使绩效较差公司的经理也能获得高额薪酬，经理人得到的回报与其努力水平并不相关。第二，股票期权持有人在股价上升时受益而在价格下降时没有任何实际损失，这可能激励管理层采取更为冒险的会计行为，这些行为甚至会损害股东利益。第三，CEO利用其在董事会中的影响力，迫使薪酬委员会制定一个对其有利的薪酬契约，股权激励变成了授予高管的一项福利。第四，国外的研究表明，经理人通过操纵应计利润、回溯行权日期（backdating）、选择性信息披露、会计造假、内幕交易等方式来操纵股价以最大化其股票期权收益。这些机会主义行为导致股权激励不但达不到激励经理层的目的，反而加剧了代理问题。

第一节 理论分析和研究假设

美国传统股票期权的行权条件主要为服务期限，随着员工在公司内工作时间延长，股票期权逐步授权给（vest）管理层。鉴于传统股票期权存在的诸多缺陷，越来越多的机构投资者要求用业绩型股票期权来代替传统的期权。与传统股票期权相比，业绩型股票期权的授权不仅基于工作时间，还与股价、会计绩效或其他指标相关，这就避免了牛市时公司绩效一般的高管的行权，减小了股票期权变成了意外之财（Windfalls）的可能性。美国大约有20%的股票期权计划属于这种类型，业绩型股权激励提供了比

第五章　业绩型股权激励对盈余质量的影响研究

传统股权激励更高的激励强度（Johnson and Tian, 2000）。吸取了欧美等国的经验教训，2006年我国在推出股权激励时，跳过了传统的股票期权模式，直接采用了业绩型股权激励，高管的期权是否可以行权或限制性股票是否可以解锁主要看公司的业绩是否达到一定的门槛条件。

业绩型股权激励虽然提高了业绩薪酬敏感性，但也有可能诱发高管的机会主义行为。已有证据表明，将薪酬或晋升与业绩目标挂钩可能导致高管钻制度的空子（Healy, 1985; Holthausen、Larcker and Sloan, 1995; Gaver and Austin, 1995）。由于期权的行权或限制性股票的解锁同样以完成业绩目标为条件，因此也有可能导致高管滥用股权激励制度。为了降低行权解锁难度，高管有动机操纵激励实施阶段的会计指标，导致激励实施后盈余的决策有用性下降，盈余质量也随之下降。相比美国的业绩型股票期权，中国股权激励制度的最大特点是几乎所有股权激励方案都采取了"一次授予、分期行权或解锁"的安排。这种制度设计有利有弊，一方面，分期的股权激励降低了业绩达不到行权解锁条件高管"毕其功于一役"进行向上盈余管理的可能性；另一方面，分期行权解锁也为高管的盈余平滑提供了空间。为了在整个激励有效期内尽可能均匀的行权解锁，高管有动机进行盈余平滑。当业绩高于业绩门槛时，高管可能会向下操纵盈余，为下一期的行权解锁隐藏业绩；反过来，如果业绩低于业绩门槛，高管可能会向上操纵盈余，顺利行权解锁。因此，有必要研究中国上市公司股权激励方案是否导致高管操纵盈余，是否影响了盈余的质量。

股权激励的行权或解锁与方案实施后的公司业绩息息相关，高管有动机对盈余进行操纵，因此本章得出一个一般假设：股权激励方案的推出导致激励公司的盈余质量下降。关于盈余质量的度量，本章用盈余反应系数（Earnings Response Coefficients）和损失确认及时性（Timely Loss Recognition）来度量盈余质量。

(一) 股权激励与盈余反应系数

盈余质量的第一个代理变量为盈余的信息含量,用盈余反应系数来度量(Fan and Wong, 2002; Francis、Schipper and Vincent, 2005; Warfield、Wild and Wild, 1995)。投资者会对那些影响股价的信息作出反应,若盈余信息具有较高的价值相关性,盈余则较好地反映了公司的基本业绩。通过检验投资者对盈余信息的反映,可以评估盈余信息的决策有用性。为了顺利行权或解锁,高管对报告盈余进行操纵,导致盈余的信息含量降低,盈余反应系数也会随之降低。本章首先检验股权激励如何影响资本市场对盈余消息的反应,因此提出第一个假设:

假设 H5.1:由于股权激励公司的高管对盈余进行操纵,盈余质量下降,激励公司的盈余反应系数下降。

(二) 损失确认及时性:盈余对收益的敏感性

巴苏(Basu, 1997)认为,会计稳健性是指"与将坏消息确认为损失相比,会计人员在财务报表中将好消息确认为收益时要求有更高的可验证性"。当坏消息发生时,相应的损失立即被确认;当好消息发生时,相应的收益却没有在当期会计盈余中全部加以确认,而是在当期和未来年度逐渐确认。由于会计稳健性在确认好消息与坏消息时存在着严重的不对称性,导致好消息和坏消息阶段盈余确认及时性(Timeliness)和持续性(Persistence)存在系统的差异:会计盈余对坏消息的反应比对好消息的反应更及时;与好消息带来的有利的盈余变化相比,坏消息导致的不利盈余变化的持续性较差。

巴苏(Basu, 1997)通过一个具体的例子来说明好消息和坏消息确认的不对称性。如果企业一项固定资产的预计寿命延长,企业经济状况将变好,但是在历史成本计价原则下,企业当前的盈余不会有任何变化，但是当期和未来各期的折旧会减少，盈余会增加。如果固定资产的预期寿命缩短了，会计人员则会记录资产减值损失，导致当前盈余下降，但资产减值对未来的盈余不会产生任何影响。简单地说，会计盈余对坏消息的反应更充分、更迅速。

巴苏（1997）建立了多个模型来检验这种收益和损失确认及时性上的不对称性。其中一个为年度盈余和年度股票收益之间的分段线性回归模型，也被称为逆向的盈余收益回归模型（reverseearnings – returnsregression），该模型检验了好消息和坏消息阶段盈余确认及时性是否存在系统的差异。模型的理论基础是股价中所反映的信息比会计盈余信息更丰富，股价领先于盈余，因此股价的变化（收益率）可以度量该阶段消息的信息含量。科塔里和斯隆（Kothari and Sloan，1992）用正股票收益度量好消息，负股票收益度量坏消息。研究发现，年度盈余和年度股票收益之间的关系存在着不对称性，即负股票收益与当期会计盈余之间的相关性大于正股票收益与当期会计盈余之间的相关性。逆向盈余收益回归模型在之后的实证研究中得到了广泛的应用，国内外均出现了大量应用 Basu 模型研究会计稳健性的文献。

由于股权激励公司的高管对盈余进行操纵，为了均匀的在激励有效期内行权解锁，高管对盈余进行操纵，导致损失确认的及时性变差。本章因而提出第二个假设：

H5.2：由于股权激励公司的高管对盈余进行操纵，股权激励降低了损失确认的及时性，会计盈余对坏消息的反应变慢。

（三）损失确认及时性：盈余变化的逆转

迪特里希、穆勒和里德尔（Dietrich、Muller and Riedl，2007）对逆向回归模型进行了批评，认为回归系数是有偏差的，因此，巴苏（1997）提出的检验损失确认及时性的第二个指标——盈余逆转（tendency – to – reverse）得到了更多的应用，如巴勒和施瓦库玛（Ball and Shivakumar，2005）采用该模型分析了英国私有企业的盈余质量。

巴苏（1997）同时认为，信息确认上的不对称性同时也体现为盈余持续性上的不对称性，负盈余变化的持续性要低于正盈余变化的持续性。及时性和持续性实际上是度量同一现象的不同方法，及时性更强意味着当前的盈余确认了与股价相关消息中的大部分，未来的盈余则确认了相关信息中的小部分。而更强的持续性则意味着当期盈余只反映了与股价有关的较少信息，更多与股价有关的信息留给了未来的盈余。例如，盈余的永久变化意味着当前的盈余只反映了与股价相关的小部分信息。与此相反，暂时的盈余变化意味着所有与价值相关的信息都包含在盈余中，这时盈余的及时性很强。盈余对坏消息的反应越及时，那么坏消息导致盈余变化的持续性就越差，更有可能在下一期发生逆转。

在前面提到的固定资产例子中，固定资产预期寿命延长会导致当前盈余增加，但当前的盈余增加并不伴随着未来盈余更多的增加。相反，固定资产预期寿命缩短将导致资产减值损失，降低当前的盈余。但由于损失确认的及时性，损失在当期被完全确认，下一年度的盈余将比当期的盈余高，高出的幅度等于资产减值的大小。也就是说，坏消息带来的盈余下降是暂时的，当前的盈余下降在下一期会发生逆转。巴苏（Basu，1997）用盈余变化的逆转模型（tendency-to-reverse）来检验负盈余变化的持续性，结果表明，相比正的盈余变化，负盈余变化在下一期更有可能发生逆转。

由于股权激励公司的高管对盈余进行操纵，为了均匀的在激励有效期内行权解锁，高管对盈余进行平滑，导致损失确认的及时性变差，持续性变强。因此，本章提出第三个假设：

H5.3：由于股权激励公司的高管对盈余进行操纵，股权激励降低了损失确认的及时性，公司负盈余变化的持续性变强，负盈余变化逆转的速度被减缓。

第二节 研究设计

一、样本选择

本研究选取了2003~2012年度中国A股上市的所有公司,剔除掉金融类上市公司,部分变量需要滞后一期,损失掉2003年的数据,最后得到2413家上市公司共15873个公司—年观测值。本研究的财务数据来源于国泰安(CSMAR)数据库和锐思(RESET)数据库,股权激励数据来源于万得(Wind)金融资讯终端,并经过手工整理。本研究对股权激励样本进行如下的筛选:(1)排除掉《上市公司股票期权激励管理办法(试行)》颁布之前,股权分置改革时承诺推出股权激励计划的方案;(2)由于金融、保险业公司的盈余具有特殊性,剔除掉金融和保险业公司公布的激励方案;(3)部分公司的股权激励方案包含了期权、限制性股票、股票增值权等多种激励标的物,视为同一个股权激励方案,截至2012年12月31日,共有385家公司公布了438个股权激励计划草案。(4)如同一家公司公布了多个激励方案,本研究删除同一家公司除第一个方案以外的其他方案,剩余385个方案,这385家股权激励公司就成为本研究的处理组,其他2025家非激励公司作为本研究的控制组。

表5.1提供了股权激励草案和公司的年份分布情况。从中可以看出,随着时间的推移,上市公司推出的激励方案明显增多,与之前年份相比,这两年推出股权激励的公司有216家,所推出的方案有222个,占总方案数的50.6%。由表5.2可以看出,由于期权在股票下跌时候,高管不面临任何损失,因此有占总样本69.3%的激励标的物为股票期权,有116个方案的标的物为限制

性股票,占总样本的26.5%,有21个方案包含了两种标的物。

表5.3的统计结果显示,股权激励公司大都集中在制造业、信息技术业和房地产业,三个行业公告股权激励方案的公司占激励公司总数的84.4%。表5.4显示,中小板和创业板公司公布的方案占方案总数的62.3%,说明高成长公司更愿意进行股权激励。表5.5显示,激励公司大都为民营企业(302个),有34家和37家央企和地方国企公布了激励方案。

表5.1　　　　　公布股权激励草案的分布

年份	公司数	方案数	百分比(%)	年份	公司数	方案数	百分比(%)
2006	41	41	9.4	2010	61	76	17.4
2007	13	13	3.0	2011	116	125	28.5
2008	57	60	13.7	2012	77	97	22.1
2009	20	26	5.9	总计	385	438	100

表5.2　　　　　激励标的物类型分布

标的物类型	方案数	百分比(%)	标的物类型	方案数	百分比(%)
限制性股票	116	26.5	股票期权限制性股票	17	3.9
股票期权	299	69.3	股票期权股票增值权	4	0.9
股票增值权	2	0.5	总计	438	100

表5.3　　　　　激励公司的行业分布

行业分类	公司数	百分比(%)	行业分类	公司数	百分比(%)
采掘业	2	0.52	农、林、牧、渔业	5	1.30
传播与文化产业	5	1.30	批发和零售贸易	13	3.38
电力、煤气及水的生产和供应业	3	0.78	社会服务业	12	3.12
房地产业	23	5.97	信息技术业	64	16.62
建筑业	12	3.12	制造业	238	61.82
交通运输、仓储业	4	1.04	综合类	4	1.04

第五章 业绩型股权激励对盈余质量的影响研究

表5.4 股权激励公司的股市板块分布

板块	方案数	百分比（%）	公司数	百分比（%）
上海主板	114	26.03	96	24.94
深圳主板	51	11.64	43	11.17
中小板	179	40.87	159	41.30
创业板	94	21.46	87	22.60
总计	438	100	385	100

表5.5 股权激励公司的控制人类型分布

最终控制人类型	公司数	最终控制人类型	公司数
地方国有企业	34	民营	302
中央国有企业	37	其他	12

二、变量定义

详细的变量定义见表5.6。

表5.6 变量定义

变量类型	变量符号	变量名称	变量描述
被解释变量*	CR	累积收益率	t年第4个月到t+1年第3月股票的累积收益率
	CAR	超额累积收益率	经总市值加权市场平均收益率调整后的t年第4个月到t+1年第3月股票的累积收益率
	CR_{1-3}	累积收益率	t财年结束后的前3个月的累积收益率
	CAR_{1-3}	超额累积收益率	经总市值加权市场平均收益率调整后的t财年结束后的前3个月的超额收益率
	NI	盈余	经上期期末总市值调整后的净利润（或扣除非经常性损益后的净利润）
	ΔNI	盈余变化	净利润或扣除非经常性损益后净利润的变化，经上期期末总市值调整

续表

变量类型	变量符号	变量名称	变量描述
主要解释变量	DR	好消息或坏消息	虚拟变量,DR_{it}等于1如果累积收益率(CR_{it}、CAR_{it}或CR_{1-3})小于0,否则为0,分别表示"坏消息"和"好消息"
	INC	股权激励	虚拟变量,如果公司公布了股权激励方案,则INC_i等于1,否则为0
	After	股权激励公告	虚拟变量,股权激励公告后第年份为1,其他年份为0
控制变量	MB	市净率	股票期末总市值与净资产之比
	Growth	成长性	相比上一年的主营业务收入增长率
	Size	规模	期末总资产的自然对数
	LEV	杠杆率	期末的资产负债率
	ROA	总资产收益率	息税前利润比期末总资产
	Loss	是否亏损	当年NI<0为1,否则为0
	State	是否为国企	是国企为1,否则为0
	IND	行业	采用证监会行业标准进行分类,其中制造业细分到次类行业,一共得到21个行业分类,设置了20个虚拟变量

注:*CR、CAR、CR_{1-3}和NI在部分模型中也作为解释变量。

三、描述性统计

主要变量的描述性统计如表5.7所示。

表5.7 主要变量的描述性统计

变量	样本数	均值	中位数	标准差	最小值	最大值
CR	14065	0.24	0	0.85	-0.92	19.25
CAR	14065	0.11	-0.01	0.6	-1.88	19.02
CR_{1-3}	13970	0	-0.06	0.38	-0.84	22.05
CAR_{1-3}	13970	0	-0.04	0.30	-0.82	21.93

续表

变量	样本数	均值	中位数	标准差	最小值	最大值
NI	14065	0.01	0.02	0.09	-2.10	2.10
ΔNI	14008	0.01	0	0.13	-3.86	9.11
MB	14065	4.79	2.67	62.75	-1529	4650
Growth	14065	59.07	13.26	2015	-133.2	170000
LEV	14065	65.92	50.57	779.5	0.17	87726
Size	14065	21.82	21.71	1.1	18.49	28.44
ROA	14065	3.52	3.41	80.71	-6482	6475
Loss	14065	0.22	0	0.41	0	1

第三节 实证分析

一、股权激励与盈余反应系数

本研究用盈余反应系数模型来检验股权激励公司盈余的信息含量，陈和于（Chan and Yu，2012）和德哈恩、霍奇和谢夫林（Dehaan、Hodge and Shevlin，2012）采用了双差分方法（Difference – in – Differences）考察了美国上市公司自愿实施的薪酬追回条款（Clawback Provisions）是否提高了会计盈余质量，本研究采用了类似的方法来检验我们的假设。具体的研究设计如下：

$$R_{it} = \alpha_0 + \alpha_1 NI_{it} + \alpha_2 INC_i + \alpha_3 After_{it} + \beta_0 INC_i \times NI_{it} + \beta_1 After_{it} \times NI_{it} + \beta_2 NI_{it} \times LEV + \beta_3 NI_{it} \times Growth_{it} + \beta_4 NI_{it} \times Loss + \beta_5 NI_{it} \times ROA + \beta_6 NI_{it} \times Size + \beta_7 NI_{it} \times MB + \sum \beta_8 NI_{it} \times IND \quad (5.1)$$

由于盈余公告集中在财年结束后的前3个月，本研究分别用t年第4个月到t+1年第3月股票的累积收益率（CR），经总市值加权市场平均收益率调整后的超额收益率（CAR）来度量 R_{it}。按照巴苏（1997）的方法，本研究用 t 财年结束后前 3 个月的累积收益率或超额收益率 CAR_{1-3} 来度量 R_{it} 作为稳健性检验。INC_i 为股权激励虚拟变量；$INC_i = 1$ 表示处理组，即激励公司；$INC_i = 0$ 表示控制组，即非激励公司。$After_{it}$ 为股权激励公告虚拟变量，对激励公司公告后的年份，$After_{it} = 1$；对激励公司激励公告年及之前的年份和非激励公司的所有年份，$After_{it} = 0$。已有文献认为，资产负债率、增长性、公司规模都有可能影响盈余反应系数（Ali, Chen and Radhakrishnan, 2007），因此，本研究在模型（5.1）中加入这些变量。LEV 表示资产负债比，Growth 表为营业收入增长率，Size 则为总市值的自然对数。IND 为行业虚拟变量，本研究采用证监会的行业标准对行业进行分类，其中制造业细分到此类行业，一共得到 21 个行业分类，设置了 20 个虚拟变量。

$INC_i \times NI_{it}$ 的系数 β_0 表示在股权激励方案公告前的阶段激励公司与非激励公司在盈余反应系数上的差异。$After_{it} \times NI_{it}$ 的系数 β_1 则度量了相对同一时期非激励公司，激励公司的盈余反应系数在股权激励公告前后的变化。由于股权激励公司的高管对盈余进行操纵，投资者降低了对激励公司盈余的信任，盈余反应系数应下降，本研究预测交互项 $After_{it} \times NI_{it}$ 的系数 β_1 为负。

本研究首先单独考虑激励公司在激励方案公告前后盈余信息含量的变化。回归结果见表 5.8。在回归模型（1）至模型（4）中，剔除了非激励公司。回归结果显示，无论是采用 CR、CAR，还是 CR_{1-3}、CAR_{1-3} 来度量累积收益率，盈余与股权激励公告的交互项 $After_{it} \times NI_{it}$ 的系数均为负，且显著性水平都高于 1%，这表明，在激励方案公告后激励公司盈余的信息含量降低了。

进一步考察相对控制组和股权激励处理组在激励公告后盈余反应的变化。回归结果如模型（5）至模型（8）所示，NI 的系数为正且非常显著。无论是采用 t 年第 4 个月到 t+1 年第 3 月的累

第五章 业绩型股权激励对盈余质量的影响研究

表5.8 股权激励与盈余反应系数

	(1) CR	(2) CAR	(3) CR_{1-3}	(4) CAR_{1-3}	(5) CR	(6) CAR	(7) CR_{1-3}	(8) CAR_{1-3}
NI	4.703 (0.67)	-4.954 (-1.04)	-3.112 (-1.16)	-0.532 (-0.26)	23.82*** (12.55)	7.458*** (5.67)	7.094*** (8.33)	0.841 (1.22)
INC	—	—	—	—	0.0469 (1.60)	0.0129 (0.63)	-0.0275** (-2.11)	-0.0182* (-1.73)
After	-0.144*** (-3.54)	0.0119 (0.43)	0.0112 (0.71)	0.0206* (1.75)	-0.0930** (-2.22)	0.0436 (1.50)	0.0520*** (2.80)	0.0412*** (2.74)
NI×INC	—	—	—	—	2.438*** (6.94)	0.849*** (3.49)	0.404*** (2.59)	-0.118 (-0.93)
NI×After	-4.829*** (-7.01)	-2.252*** (-4.79)	-1.490*** (-5.60)	-0.636*** (-3.20)	-6.081*** (-12.07)	-2.964*** (-8.48)	-2.390*** (-10.66)	-1.155*** (-6.38)
NI×MB	0.0198 (0.99)	0.00292 (0.21)	0.0213*** (2.76)	0.0132** (2.29)	-0.00524*** (-2.88)	-0.00251** (-2.00)	-0.000767 (-0.94)	-0.000204 (-0.31)
NI×Growth	0.00110*** (6.13)	0.000667*** (5.46)	0.000142** (2.05)	0.0000392 (0.76)	0.000350*** (9.63)	0.000394*** (15.65)	0.000254*** (15.37)	0.000276*** (20.71)
NI×LEV	0.0383** (2.43)	0.0314*** (2.91)	0.0160*** (2.60)	0.0162*** (3.53)	-0.0000133 (-0.75)	0.00000946 (0.77)	-0.00000543 (-0.69)	0.00000203 (0.32)

续表

	(1) CR	(2) CAR	(3) CR_{1-3}	(4) CAR_{1-3}	(5) CR	(6) CAR	(7) CR_{1-3}	(8) CAR_{1-3}
NI×Size	0.0970 (0.32)	0.209 (1.00)	0.277** (2.33)	0.0509 (0.57)	-0.794*** (-9.77)	-0.194*** (-3.44)	-0.197*** (-5.40)	0.0239 (0.81)
NI×Loss	-10.16*** (-7.43)	-2.105** (-2.26)	-2.819*** (-5.34)	-0.242 (-0.61)	-8.572*** (-27.43)	-3.295*** (-15.21)	-3.273*** (-23.10)	-1.043*** (-9.11)
NI×ROA	-0.0121 (-0.36)	0.0546** (2.38)	0.00107 (0.08)	0.0322*** (3.31)	-0.00485*** (-2.92)	0.0000200 (0.02)	-0.00156** (-2.11)	0.000921 (1.55)
NI×State	0.292 (0.43)	-0.380 (-0.82)	-0.145 (-0.56)	-0.122 (-0.63)	0.658*** (3.57)	-0.130 (-1.02)	-0.317*** (-3.74)	-0.519*** (-7.57)
NI×IND	控制	控制	控制	控制	控制	控制	控制	控制
_cons	0.0507 (1.59)	-0.0154 (-0.71)	-0.0939*** (-7.63)	-0.0467*** (-5.09)	0.0637*** (6.66)	-0.0122* (-1.84)	-0.0782*** (-18.19)	-0.0428*** (-12.31)
N	1784	1784	1781	1781	13455	13455	13360	13360
adj. R^2	0.215	0.139	0.159	0.106	0.116	0.127	0.114	0.104

注：括号中为根据 Huber – White 稳健性标准差计算的 t 统计量，* $p<0.10$，** $p<0.05$，*** $p<0.01$。

积收益率(CR)、超额收益率(CAR),还是 t 财年结束后的前 3 个月的累积收益率 CR_{1-3} 或超额收益率 CAR_{1-3} 来度量累积收益率,盈余与股权激励公告的交互项 $After_{it} \times NI_{it}$ 的系数 β_1 均为负,且显著性水平都高于 1%,这表明,相比同一时期的非激励公司,激励方案公告后激励公司盈余的信息含量降低了。同时,在模型(5)至模型(7)中,$INC_i \times NI_{it}$ 的系数 β_0 为正,且在 1% 的水平上显著,说明在激励方案公告之前的阶段,激励公司的盈余反应系数高于非激励公司,这进一步说明,股权激励降低了激励公司盈余的信息含量。而且,$INC_i \times NI_{it}$ 和 $After_{it} \times NI_{it}$ 的系数之和均为负,且显著异于零,在模型(6)中,系数之和为 -2.115(t=78.65),表明在激励方案公告之后的阶段,激励公司的盈余反应系数经历了更大幅度的下降。

由于股权激励公司的高管对盈余进行操纵,投资者对激励公告后公司盈余的信任降低,盈余反应系数下降,假设 H5.1 得到了验证。

二、股权激励与损失确认及时性:盈余对收益的敏感性

本研究根据巴苏(Basu,1997)盈余对收益的敏感性模型来检验股权激励对损失确认及时性的影响,模型如下:

$$NI_{it} = \alpha_0 + \alpha_1 R_{it} + \alpha_2 DR_{it} + \alpha_3 DR_{it} \times R_{it} + \beta_0 INC_i + \beta_1 After_{it}$$
$$+ \beta_2 INC_i \times DR_{it} \times R_{it} + \beta_3 After_{it} \times DR_{it} \times R_{it} \quad (5.2)$$

变量 NI_{it} 表示经 t-1 期总市值调整后的 t 期盈余。R_{it} 为股票年累积收益率,分别用 t 年第 4 个月至 t+1 年第 3 月股票的累积收益率 CR 和经总市值加权市场平均收益率调整后的超额累积收益率 CAR 来度量。DR_{it} 等于 1(如果 $CR_{it} < 0$ 或 $CAR_{it} < 0$),否则为 0,$DR_{it}=1$ 和 $DR_{it}=0$ 分别度量坏消息和好消息。INC_i 和 $After_{it}$ 的定义同上。

理论上，R_{it} 的系数 α_1 应为正。在稳健性原则下，由于对坏消息的及时确认，$DR_{it} \times R_{it}$ 的系数 α_2 预期为正。巴苏（Basu，1997）用 $(\alpha_3 + \alpha_1)/\alpha_1$ 来度量盈余对坏消息和好消息反应上的差异。由于股权激励导致高管平滑盈余，损失确认的及时性降低了，对坏消息的确认变慢，预计 $After_{it} \times DR_{it} \times R_{it}$ 的系数 β_3 为负。

回归结果见表5.9。在回归模型（1）和模型（3）中，R 的系数 α_1 和 DR×R 的系数 α_3 均为正，与预期一致，且显著水平均小于0.001，说明盈余对坏消息的反应比对好消息的反应更及时。INC×DR×R 的系数不显著，表示在激励公告之前的阶段，激励公司与非激励公司在损失确认及时性不存在显著差异。After×DR×R 的系数为负，显著水平超过了0.01。由于其系数度量了激励公司与非激励公司在股权激励公告前后及时性上的差异，正的系数表明在控制了非激励公司同一时期的变化后，激励公司损失确认的及时性在方案公告后变差。模型（4）至模型（6）减少了 INC 和 After 两个虚拟变量，回归结果与模型（1）至模型（3）基本一致。

由于股权激励公司的高管对盈余进行操纵，损失确认的及时性在方案公告后变差，假设H5.2得到了验证。

表5.9　　　　股权激励与盈余对收益的敏感性

变量	（1）CR	（2）CAR	（3）CR_{1-3}	（4）CR	（5）CAR	（6）CR_{1-3}
R	0.00784*** (6.38)	0.0190*** (10.48)	0.0113*** (10.70)	0.00664*** (5.52)	0.0176*** (9.86)	0.00990*** (9.67)
DR	0.00297 (1.06)	−0.0114*** (−5.13)	0.00709*** (2.60)	0.00060 (0.22)	−0.0139*** (−6.49)	0.00392 (1.47)
DR×R	0.0509*** (6.83)	−0.00189 (−0.42)	0.0344*** (5.87)	0.0522*** (7.01)	−0.000552 (−0.12)	0.0358*** (6.11)
INC	0.0182*** (3.35)	0.0195*** (3.60)	0.0219*** (3.65)			

续表

变量	(1) CR	(2) CAR	(3) CR$_{1-3}$	(4) CR	(5) CAR	(6) CR$_{1-3}$
After	0.00600 (0.69)	0.00088 (0.10)	0.00730 (0.84)			
R×INC	0.00544 (1.36)	0.00132 (0.19)	0.00242 (0.62)	0.0143*** (4.78)	0.0150*** (2.59)	0.0126*** (4.66)
R×After	0.00773 (0.67)	-0.00040 (-0.02)	0.00135 (0.20)	0.0251*** (3.15)	0.0138 (1.13)	0.00749 (1.58)
DR×INC	0.00179 (0.17)	-0.00579 (-0.71)	0.00466 (0.45)	0.0197** (2.14)	0.0136** (2.23)	0.0262*** (3.08)
DR×After	-0.0192 (-1.30)	0.0124 (0.99)	-0.0247* (-1.71)	-0.0131 (-1.10)	0.0132 (1.44)	-0.0174 (-1.50)
INC×DR×R	0.00712 (0.24)	-0.0227 (-1.40)	0.0257 (1.16)	-0.00202 (-0.07)	-0.0362** (-2.29)	0.0155 (0.70)
After×DR×R	-0.0918** (-2.16)	0.0153 (0.47)	-0.0775** (-2.38)	-0.109*** (-2.61)	0.00067 (0.02)	-0.0837*** (-2.59)
_cons	-0.00367 (-0.87)	0.00019 (0.04)	-0.00975** (-2.29)	-0.00145 (-0.35)	0.00253 (0.60)	-0.00687 (-1.62)
N	13387	13387	13387	13387	13387	13387
adj. R^2	0.049	0.053	0.056	0.048	0.052	0.054

注：括号中为根据 Huber – White 稳健性标准差计算的 t 统计量，* $p<0.10$，** $p<0.05$，*** $p<0.01$。

三、股权激励与损失确认及时性：负盈余变化的逆转

相比正的盈余变化，负盈余变化在下一期更有可能发生逆转。巴苏（Basu，1997）用盈余变化的逆转模型（tendency – to – reversemodel）来检验负盈余变化的持续性。由于股权激励公司的高管对盈余进行操纵，为了均匀地在激励有效期内行权解锁，高管会对盈余进行平滑，导致损失确认的及时性变差，持续性变强。

本研究在 Basu 模型的基础上加入了股权激励虚拟变量来检验股权激励是否会导致负盈余变化逆转的速度被减缓。

$$\Delta NI_{it} = \alpha_0 + \alpha_1 \Delta NI_{it-1} + \alpha_2 D\Delta NI_{it-1} + \alpha_3 D\Delta NI_{it-1} \times \Delta NI_{it-1}$$
$$+ \beta_0 INC_i + \beta_1 After_{it} + \beta_2 INC_i \times D\Delta NI_{it-1} + \beta_3 INC_i$$
$$\times \Delta NI_{it-1} + \beta_4 INC_i \times D\Delta NI_{it-1} \times \Delta NI_{it-1} + \beta_5 After_{it}$$
$$\times D\Delta NI_{it-1} + \beta_6 After_{it} \times \Delta NI_{it-1} + \beta_7 After_{it} \times D\Delta NI_{it-1}$$
$$\times \Delta NI_{it-1} \tag{5.3}$$

变量 ΔNI_{it} 和 ΔNI_{it-1} 分别表示经 t-1 期末和 t-2 期末总市值调整后的 t 期和 t-1 期的盈余变化；$D\Delta NI_{it-1}$ 等于 1（如果 $\Delta NI_{it-1} < 0$），否则为 0。INC_i 和 $After_{it}$ 的定义同上。

由于盈余变化会发生逆转，系数 α_1 为负。在稳健性原则下，由于对坏消息的及时确认，负盈余变化的持续性弱于正盈余变化的持续性，系数 α_3 为负。由于股权激励降低了损失确认的及时性，公司盈余变化的持续性变强，负盈余变化逆转的速度被减缓，预计 β_7 为正。回归结果见表 5.10。

表 5.10　　股权激励与负盈余变化的持续性

	(1) dNI	(2) dNI	(3) dNI	(4) dNI
ΔNI_{t-1}	-0.470 *** (-15.50)	0.00862 (0.32)	-0.0777 *** (-5.83)	0.0266 * (1.85)
$D\Delta NI_{t-1}$	-0.0391 *** (-5.56)	-0.0307 *** (-4.05)	-0.0323 *** (-13.47)	-0.0283 *** (-11.47)
$D\Delta NI_{t-1} \times \Delta NI_{t-1}$	-1.217 *** (-15.43)	-1.739 *** (-27.57)	-1.273 *** (-50.86)	-1.347 *** (-52.39)
INC				0.0117 ** (2.20)
After		0.0233 *** (3.98)		0.0233 *** (3.28)

续表

	（1）dNI	（2）dNI	（3）dNI	（4）dNI
INC × DΔNI$_{t-1}$				-0.00233 (-0.25)
INC × ΔNI$_{t-1}$				-0.0180 (-0.50)
INC × DΔNI$_{t-1}$ × ΔNI$_{t-1}$				-0.393*** (-4.86)
After × DΔNI$_{t-1}$		-0.0120 (-1.06)		-0.0120 (-0.88)
After × ΔNI$_{t-1}$		-1.701*** (-33.18)		-1.701*** (-27.36)
After × DΔNI$_{t-1}$ × ΔNI$_{t-1}$		2.762*** (9.98)		2.762*** (8.23)
_cons	0.0179*** (4.66)	0.0107** (2.56)	0.00358** (2.38)	-0.000973 (-0.62)
N	1549	1549	11661	11661
adj. R^2	0.334	0.614	0.262	0.323

注：括号中为根据 Huber-White 稳健性标准差计算的 t 统计量，* $p<0.10$，** $p<0.05$，*** $p<0.01$。

表5.10 中的模型（1）只考虑激励公司，没有加入股权激励公告变量 After，回归结果显示，ΔNI$_{it-1}$ 的系数为负，显著性水平高于1%，盈余变化与负盈余变化虚拟变量的交互项 DΔNI$_{it-1}$ × ΔNI$_{it-1}$ 的系数为负，显著性水平高于1%，说明盈余发生逆转，且负盈余逆转的速度更快，Basu 模型在中国得到了证实。模型（2）则加入了股权激励公告变量，ΔNI$_{it-1}$ 和 DΔX$_{it-1}$ × ΔNI$_{it-1}$ 的系数依然为负且非常显著，After$_{it}$ × DΔNI$_{it-1}$ × ΔNI$_{it-1}$ 的系数显著为正，表明股权激励降低了损失确认的及时性，激励公司负盈余变化逆转的速度被减缓。模型（3）则考虑了全样本，ΔNI$_{it-1}$ 和 DΔX$_{it-1}$ ×

ΔNI_{it-1} 的系数与预期一致。模型（4）则加入了两个股权激励虚拟变量，回归结果表明，$INC \times D\Delta NI_{t-1} \times \Delta NI_{t-1}$ 的系数为 -0.393（t 值 $= -4.86$），表明在激励方案公告之前的阶段，激励公司负盈余变化逆转的速度要快于非激励公司。但 $After_{it} \times D\Delta NI_{it-1} \times \Delta NI_{it-1}$ 系数为 2.76（t 值 $= 8.23$），这意味着相比同一时期的非激励公司，激励公司在方案公告后负盈余变化逆转速度降低的幅度更大，即损失确认的及时性变差，持续性变强。$INC \times D\Delta NI_{t-1} \times \Delta NI_{t-1}$ 和 $After_{it} \times D\Delta NI_{it-1} \times \Delta NI_{it-1}$ 的系数之和度量了激励方案公告之后的阶段中激励公司与非激励公司负盈余变化逆转上的差异，在模型（4）中，两个交互项系数之和为 2.37（$t = 52.25$），表明在公告之后激励公司负盈余变化逆转的速度慢于非激励公司，这是由于激励公司负盈余变化逆转速度降低的幅度更大。

由于股权激励公司的高管对盈余进行操纵，负盈余变化的持续性变强，逆转的速度被减缓，假设 H5.3 得到了验证。

总的来说，由于股权激励公司的高管对盈余进行操纵，相比同一时期没有公布股权激励方案的公司，公告激励方案公司的盈余反应系数降低，盈余的信息含量降低，损失确认的及时性变差，负盈余变化的持续性变强，逆转的速度被减缓，本章的三个假设得到了很好的验证，回归模型的结论相互验证，说明股权激励降低了上市公司的盈余质量。

四、稳健性检验

研究中没有考虑股权激励方案实施进度在股权激励方案公布后，由于各种原因（如方案没有被股东大会通过，业绩没有达到行权解锁条件，证券市场环境造成行权解锁时公司的股价远低于授予价格）使得行权解锁没有意义的情况。截至 2012 年底，有 136 家上市公司取消或终止了股权激励计划。取消终止的时间越

第五章 业绩型股权激励对盈余质量的影响研究

晚对上述结果的影响就越小。为了保证结果的稳健性，本研究删除了激励方案取消终止的样本公司，回归结果基本不受影响。

表 5.11　　　　　　　激励方案实施进度

实施进度	方案数	百分比（%）	实施进度	方案数	百分比（%）
取消	136	31.05	等待中	190	43.38
正在实施	112	56.62	总计	438	100

第四节　本章小结

已有文献认为，管理层薪酬与业绩挂钩、管理层持股以及股票期权会导致公司盈余操纵，从而降低盈余质量。本章考察了中国业绩型股权激励与盈余质量之间的关系。为了顺利行权解锁，业绩型股权激励可能会诱发高管对会计指标进行操纵，导致激励公司盈余质量随之下降。本章分别利用盈余反应系数以及巴苏（Basu，1997）提出的两个损失确认及时性模型，即逆向的盈余收益回归模型和负盈余变化的持续性来研究股权激励前后上市公司盈余质量的变化。实证结果发现，与同一时期的非激励公司相比，股权激励方案公告后，激励公司的盈余反应系数降低，表明其盈余包含的信息含量降低；会计盈余对坏消息的反应变慢，损失确认的及时性变差；盈余变化的持续性变强，负盈余变化逆转的速度被减缓。上述结果一致表明，股权激励公布后激励公司的盈余质量下降。本研究对于防范股权激励过程中的盈余操纵和提高盈余质量具有重要的意义。股权激励在提高管理层激励强度的同时，也诱发了管理层的机会主义行为，如何防范管理层的机会主义行为是监管机构和上市公司亟待解决的问题。

由于分期行权，部分激励公司在业绩无法满足当期行权条件的情况下,通过"洗大澡"压低当期业绩,为后续年度的行权隐藏利润。

本研究采用了双差分的方法来检验激励公司在股权激励实施前后的盈余质量,该方法的有效性取决于股权激励是不是外生,由于股权激励是公司自主选择的,并不是外生的,因此本研究的结论在一定程度上受到内生性的影响。

第六章 业绩型股权激励、盈余操纵与资产减值

本章从上市公司股权激励对会计政策选择——基于资产减值会计的视角进行实证检验，是考察股权激励对上市公司会计行为影响的重要方面。已有文献还未考虑股权激励公司如何通过资产减值变化操纵盈余。本章在已有资产减值和会计稳健性文献的基础上，进一步检验在股权激励公告前后上市公司资产减值的动态变化以及股权激励公告对资产减值变化的影响。本章采用了不同的资产减值度量指标，将资产减值计提净额与上一年年末总资产（非净利润）之比定义为资产减值，这样可以剔除净利润波动带来的影响以及资产减值计提对净利润的影响。同时，本章还精确地验证了资产减值的时机选择，明确管理层主要是通过流动资产减值而非长期资产减值来进行盈余操纵，进一步明确了会计稳健性和资产减值之间的关系，拓展了管理层激励与管理层机会主义行为之间关系方面的研究。

第一节 理论分析和研究假设

企业会计准则规定，企业可以根据资产的实际状况确定资产减值计提标准。但是，鉴于管理层拥有关于企业资产价值和未来业绩的私有信息，资产减值准则仍赋予了企业很大的自由选择空间，会计准则提供的原则性指引依赖管理层对公允价值的主观判断。因此，管理层有可能充分利用会计准则授予的这种选择空间致使资产减值准备成为上市公司进行盈余管理的工具。业绩型股权激励将公司业绩与高管股票期权或限制性股票的行权解锁直接挂钩，提高了业绩薪酬敏感性和激励强度，但同时也可能诱发管理层利用会计准则授予的自由选择空间进行盈余操纵。例如，在激励计划公告前，实施股权激励的公司可以操纵资产减值准备计提，在实施前一年计提大额资产减值损失，并在以后年度进行转回（仅限流动性资产减值）或少计提资产减值，这样既可以降低授予价格和行权解锁条件，又可为后续年度的行权解锁隐藏利润。

以张海平和吕长江（2011）提到的新湖中宝（600208）为例，该公司2007年12月28日公布了实施股票期权激励计划，行权期分为三期，第一期的行权条件规定，2008年度扣除非经常性损益前的净利润不低于6亿元，且扣除非经常性损益前加权平均净资产收益率不低于8%。该方案暗含2007年为新湖中宝股权激励业绩考核的基准年度，如果该公司高管希望降低授予价格和行权解锁条件，就有动机降低2007年的绩效。事实正是如此，在公告前一年即2007年，该公司提取的资产减值占年初总资产的比例为0.895%，而上一年度这一比例为0.138%，2008年和2009年则分别下降至0.327%和0.023%。2007年计提的资产减值占该年度资产减值计提前净利润的比例为13.75%，即资产减值计提导致该年净利润减少13.75%，而这一比例在2006年为1.68%，在2008年和2009年分别为5.28%和0.30%。通过上述数据可以初步判断，该公司通过资产减值在股权激励公告前隐藏了业绩，降低了行权难度。

再以嘉寓股份（300117）为例，2011年5月5日，该公司公布了激励计划草案，但由于股价持续低迷跌破行权价，2012年1月10日该公司宣布终止该激励计划。然而在一个多月后的2012年2月15日，该公司推出了新的股票期权激励方案。方案规定的行权条件主要包括：以2011年度扣除非经常性损益后净利润为基数，2012~2015年度扣除非经常性损益后净利润增长率较2011年分别不低于25%、50%、75%和100%。在旧股权激励终止之后和新股权激励公布之前，该公司曾发布业绩预告称2011年业绩比上年同期下降10%~17%，主要原因是企业计提资产减值损失大幅增加，但年报的最终数据显示，该公司2011年度净利润比2011年度下降19%。由此可见，该公司有在股权激励基准年度操控资产减值降低业绩的嫌疑。

已有文献表明，除了经济状况外，盈余管理是影响资产减值决策的一个重要因素。由于相关的会计准则对资产减值准备的计提和转回只作出原则性的规定，仍赋予管理层较大的选择空间，资产公允价值的估计具有很强的主观性，再加上管理层对资产价值具有不对称的私有信息，这就造成管理层可能从自身利益出发，选择对己有利的资产减值政策。张海平和吕长江研究了股权激励对资产减值会计政策的影响，用资产减值损失占净利润的比例来度量资产减值，发现在股权激励方案推出前后，股权激励公司管理层利用资产减值政策操纵会计盈余，影响了股权激励的行权解锁条件。但是，已有文献还未考虑股权激励公司如何通过资产减值变化操纵盈余。本章在已有资产减值和最近会计稳健性文献的基础上，进一步检验在股权激励公告前后上市公司资产减值的动态变化以及股权激励公告对资产减值变化的影响。首先，本章研究结论表明，在激励方案基准年度（一般为公告前一年或公告当年），股权激励公司通过大量计提资产减值准备来降低基准年度业绩，以达到降低行权解锁难度并为后续年度隐藏利润的目的。这部分研究的结论与已有文献类似，但与已有研究不同的是，本章采用了不同的资产减值度量指标，将资产减值计提净额与上一年年末总资产而不是净利润之比定义为资产减值，这样可以剔除净利润波动带来的影响以及资产减值计提对净利润的影响；同时，本章还精确地验证了资产减值的时机选择。其次，由于会计稳健性，资产减值变化也会逆转，且资产减值变化越大，逆转的速度越快。但在公告基准年，如果前一年度资产减值变化较大，为了降低基准年度的业绩，激励公司会继续将资产减值变化维持在一个较高的水平上，即正资产减值变化逆转的速度被减缓。这一结论与会计稳健性导致负盈余变化逆转速度更快类似，进一步说明了资产减值是会计稳健性的重要体现。最后，管理层主要是通过流动资产减值而非长期资产减值来进行盈余操纵。本章进一步明确了会计稳健性和资产减值之间的关系，拓展了管理层激励与管理层机会主义行为之间关系方面的研究。

国内对资产减值准的研究也发现上市公司利用资产减值会计进行盈余管理。我国从2001年开始正式实施资产减值会计，研究结果发现，国内上市公司利用资产减值进行盈余管理的动机主要有扭亏、盈余平滑、配股、大清洗动机等。由于新会计准备不允许转回长期资产减值准备，上市公司在准则正式实施前的两年计提长期资产减值准备时更加谨慎。罗进辉等以2004~2008年制造业上市公司为样本，考虑了资产减值净计提，研究发现上市公司资产减值中存在扭亏为盈、盈余平滑、避免亏损、大清洗等行为。李扬和田益祥验证了微利企业的资产减值动机。总的来说，国内外的研究成果都发现资产减值计提有经济因素和盈余管理两大动机。

资产减值是会计稳健性原则的典型例子，资产减值计提体现了会计稳健性，因此需要从会计稳健性的动因着手研究资产减值的决定因素。会计稳健性指当期会计盈余对坏消息的反应相比好消息更加充分和及时，稳健性原则要求对收益和费用的确认实施不同的证实标准。根据稳健性原则，当资产账面价值低于公允价值时，上市公司应当及时、充分地确认损失；而当资产公允价值上升高于账面价值时，出于稳健性的考虑，上市公司应当严格证实后才能确认收益。

已有文献发现在股票期权激励的实施过程中，高管有可能通过采取操纵应计利润的方式在授予日、可行权日、行权日和股票出售日前后操纵业绩和股票价格。中国实施的是业绩型股权激励，相比标准的股权激励计划，除了任职时间外，业绩型股权激励条款中还明确设置了行权解锁的业绩条件，为了达到股权激励设置的业绩条件，高管有更强的动机去进行盈余管理。会计准则授予了管理层一定的自由裁量权,经理层有权对资产的公允价值行使判断并选择适当的资产减值。这种自由裁量权体现在两个方面,一方面,管理层可以自由选择减值的时机,他们可以在资产减损的早期进行减值,也可以等到资产永久毁损时才进行减值。另一方面,管理层可以决定资产减值的规模。

实施股权激励的公司有动机操纵资产减值准备的计提,且往往会在股权激励绩效考核的基准年度大量计提资产减值损失,并在以后年度进行转回(仅限流动性资产减值)或者少计提资产减值,以降低基准年度的业绩,进而降低行权解锁条件的目的。同时,还可以平滑利润,为行权解锁隐藏利润。张海平和吕长江发现在股权激励方案推出前后,实施股权激励计划的公司管理层利用资产减值政策操纵会计盈余,从而影响了股权激励的行权解锁条件。因此,本章提出与此类似的第一个假设。与此不同的是,本章采用了不同的资产减值度量指标。

H6.1:在公告前一年或当年激励公司会计提较高的资产减值准备。

由于会计稳健性在确认好消息与坏消息时存在着严重的不对称性,导致盈余持续性存在系统差异:会计盈余对坏消息的反应比对好消息的反应更及时;与好消息带来的正盈余变化相比,坏消息导致的负盈余变化持续性较差,即逆转速度更快。

例如,由于宏观经济环境和行业竞争的影响,企业资产的公允价值下降,由于会计稳健性,企业会一次性计提资产减值准备,损失在当期被完全确认,但对未来的盈余不会产生任何影响,即负盈余变化的持续性较差;但是,如果企业资产的公允价值上升,在历史成本计价原则下,收益不会立即被确认,企业当前的资产减值和盈余不会有任何变化,未来的盈余会增加,即正盈余变化会持续下去。盈余变化上的这种不对称性同时也体现为资产减值变化上的不对称性,企业资产的公允价值下降导致当期的资产减

第六章 业绩型股权激励、盈余操纵与资产减值

值准备增加,但由于及时确认,对下一期资产减值准备不会产生影响,因此下一期的资产减值准备会下降,正资产减值变化发生了逆转;企业资产的公允价值上升,在历史成本计价原则下,当期和下一期的资产减值准备不会有变化,负资产减值变化的持续性较强。因此,会计确认及时性上的不对称性与资产减值确认上的不对称性密切相关。

由于资产减值变化的逆转,如果 t-2 年的资产减值计提增加的幅度较大,那么 t-1 年的资产减值变化就会逆转。但是,如果 t-1 年为股权激励公告的基准年度(公告前一年或当年),由于高管的盈余管理动机,为了降低业绩,激励公司会继续将资产减值的变化维持在一个较高的水平上。因此本章提出假设:

H6.2:资产减值变化会发生逆转,正资产减值变化逆转的速度更快,但在股权激励基准年度,正资产减值变化逆转的速度变慢。

第二节 研究设计

一、样本选择

本章的股权激励数据来源于万得(Wind)金融资讯终端,并对激励样本进行如下的筛选:(1)排除掉《上市公司股票期权激励管理办法(试行)》颁布之前,股权分置改革时承诺推出股权激励计划的方案;(2)由于金融、保险业公司的应计利润具有特殊性,剔除掉金融和保险业公司公布的方案。部分公司在股权激励方案中包含了期权、限制性股票、股票增值权等多种激励标的物,则视为同一个股权激励方案。同一公司在不同时间公布的股权激励则视为不同的方案。截至 2012 年 12 月 31 日,共有 385 家

公司公布了438个股权激励计划草案，部分公司推出了多个股权激励计划，且相隔的时间很短，因为资产减值会转回，上一期股权激励的资产减值会影响下一期股权激励公告附近的资产减值，为了避免这种影响，本章只考虑同一家公司推出的第一个股权激励方案，这样就有385个观测值。资产减值数据来源于CCER数据库，财务数据和高管变更来源于国泰安数据库。数据显示，分别有42家、28家和139家公司在IPO当年、下一年和第二年内公布了股权激励方案，本章剔除了这209家公司，原因是部分变量是根据滞后指标计算得到的，至少需要两年的数据，IPO公司的资产减值与其他公司可能不同，最后剩下176家公司。

二、变量定义

1. 资产减值

采取与罗进辉等类似的方法，本章将资产减值准备计提规模与转回规模之差定义为资产减值计提净额，并将资产减值计提净额与上一年年末总资产之比定义为资产减值（WD）。

按照资产类别，减值准备分为流动资产减值和长期资产减值，其中流动资产减值包括坏账准备、存货跌价准备、短期投资跌价准备和委托贷款减值准备，长期资产减值包括长期投资减值准备、固定资产减值准备、在建工程减值准备和无形资产减值准备。2007年1月1日开始执行的新企业会计准则体系中的《企业会计准则第8号——资产减值》规定，当资产的可收回金额低于其账面价值时，应当计提相应的资产减值准备，其中的第十七条指出，长期资产减值损失一经确认，在以后会计期间不得转回。而旧会计准则规定，八项资产的减值准备都可以进行转回。因此，长期资产减值能否转回是新老会计准则在资产减值会计处理问题上的最大差异。张然等发现固定资产和无形资产在新准则颁布以后的计提比例都要小于新准则颁布以前的计提比例。为了进一步区分激励公司通过哪一类资产减值操纵盈余,本研究将资产减值计提净额细分为流动资产减值和长期资产减值规模,并定义了流动资产减值(SWD)和长期资产减值(LWD)。

为了进一步考察上市公司在激励公告附近利用资产减值来操纵盈余,本研究检验了资产减值准备的变化,用当年资产减值计提净额的变化与上一年年末总资产之比(WD)来度量资产减值的变化(dWD),定义了流动资产减值变化(dSWD)和长期资产减值规模(dLWD)。

2. 经济变量

上市公司的资产减值计提行为受到行业经济景气和公司自身业绩等经济因素的影响,当外部经济环境好转、公司自身业绩较好时,资产账面价值低于经济价值的可能性就越小,发生资产减值的概率就越小,上市公司计提的资产减值比例就越低,反之亦然。由于公司上一年度股票的收益率可以很好地度量上一年的历史绩效,按照 Francisetal(2004)的方法,本研究用公司上一年度经总市值加权市场平均收益率调整后的超额累积收益率(RET)作为历史绩效的代理变量,选取市账比(MTB)、市账比的变化(dMTB)、总资产回报率(ROA)、总资产回报率的变化(dROA)、主营业务收入增长率(Growth)来度量公司的历史绩效。预计历史绩效越高,激励公司计提的资产减值净额会减少。同样,行业的衰退也会增加公司资产的账面价值低于经济价值的可能性。本研究用行业主营业务收入增长率的中位数(IND_Growth)、行业总资产回报率中位数的变化(IND_dROA)和行业市账比中位数的变化(IND_dMTB)来代表行业的历史绩效。

3. 盈余操纵变量

现有文献已说明资产减值也可能成为管理者操纵盈余的工具。

管理层会利用会计准则提供的选择空间和灵活性，选择对自己或公司最有利的资产减值时机和规模。扭亏为盈的公司可能少计提资产减值从而增加会计利润。而减值前净利润已经为负的公司则可能进行大清洗，大规模计提资产减值，而在未来年度通过资产减值的转回实现扭亏为盈。另外，上市公司可能通过资产减值进行盈余平滑，资产减值前净利润相对较高的公司，会通过计提较多的减值准备储存盈余。新任管理层上任也会正计提减值准备，以将减值的责任推给前任，并为以后年度业绩的增长留有空间。因此，本研究设置亏损（Loss）、扭亏为盈（Reversal）和高管（董事长或总经理）变更（Turnover）三个变量来表示资产减值计提中的盈余管理因素。

为了考察股权激励公司在公告前后资产减值的时机选择，即在公告前一年和公告当年是否利用资产减值进行盈余操纵，本研究设置了两个年度虚拟变量：公告年（ANN）和公告前一年（Before）。激励公司在股权激励方案中详细规定了股票期权的行权条件或限制性股票的解锁条件，大部分方案都设定了考核基准年度。基准年度的绩效水平越高，行权解锁条件也相应越高，因此高管有动机在该年进行向下的盈余管理。为此，本研究设置了行权基准年虚拟变量（Base），有310个激励方案的基准年为公告年前一年，有94个方案的基准年为公告年。

4. 控制变量

资产减值计提行为还会受到杠杆率的影响，有效契约理论认为，债务契约会激励上市公司采取更稳健的会计政策；但比蒂和韦伯（Beatty and Weber）和拉马南和沃茨（Ramanna and Watts）的结果却显示，资产负债率越高的越倾向拖延资产减值，提高当期的盈余，因此本研究考虑到激励公司前一年的杠杆率（Leverage）和规模（Size，用总资产的自然对数来衡量）。

第六章　业绩型股权激励、盈余操纵与资产减值

为了检验资产减值的时间序列特征，本研究定义了上一年度资产减值变化（dWD_1）。为了检验正资产减值变化的逆转，本研究设置了虚拟变量 D，表示激励公司 t－1 年的资产减值变化（dWD_1）是否大于零，大于则为 1，否则为 0。类似地设置了虚拟变量 DS 和 DL，分别表示流动资产减值变化（dSWD_1）和长期资产减值变化（dLWD_1）是否大于零。并分别设置了 D 与资产减值变化（dWD_1）、DS 与流动资产减值变化（dSWD_1）、DL 与长期资产减值变化（dLWD_1）的交互项 dWD_D、dSWD_DS 和 dLWD_DL。为了检验公告前正资产减值变化的逆转，本研究进一步定义了上一年度资产减值变化（dWD_1）、上一年度资产减值变化是否大于零与公告年度虚拟变量（Before、ANN 或 Base）之间的交互项。流动资产减值和长期资产减值也有类似的变量定义，在此不再赘述。变量的详细定义见表 6.1。

表 6.1　　　　　　　　变量定义

变量类型	变量符号	变量名称	变量描述
被解释变量	WD	资产减值	t 年资产减值计提净额（即资产减值计提额与转回之差）与 t－1 年总资产之比，以正值来计算
	SWD	流动资产减值	t 年计提的流动资产减值净额（即资产减值计提额与转回之差）与 t－1 年总资产之比
	LWD	长期资产减值	t 年计提的长期资产减值净额（即长期资产减值计提额与转回之差）与 t－1 年总资产之比
	dWD	资产减值的变化	t 年资产减值净额的变化/t－1 年末总资产
	dSWD	流动资产减值的变化	t 年流动资产减值净额的变化/t－1 年末总资产
	dLWD	长期资产减值的变化	t 年长期资产减值净额的变化/t－1 年末总资产

续表

变量类型	变量符号	变量名称	变量描述
滞后变量	dWD_1	资产减值的变化滞后值	t-1年资产减值规模/t-2年末总资产
	dSWD_1	流动资产减值的变化滞后值	t-1年流动资产减值净额的变化/t-2年末总资产
	dLWD_1	长期资产减值的变化滞后值	t-1年长期资产减值净额的变化/t-2年末总资产
时间变量	Before	股权激励公告前一年	虚拟变量,股权激励公告前一年为1,其他年份为0
	ANN	股权激励公告年	虚拟变量,如果在该年公布了股权激励方案,则ANN等于1,否则为0
	Base	行权解锁条件基准年	股权激励方案中设定的业绩基准考核年度
控制变量	RET	超额累积收益率	经总市值加权市场平均收益率调整后的t-1年第4个月到t年第3月股票的累积收益率
	MTB	市净率	企业经行业中位数调整后的t-1年的市净率
	dMTB	市净率的变化率	MTB的变化率:t-1年MTB相对减t-2年的变化率
	ROA	总资产报酬率	t-1年的总资产报酬率,等于(利润总额+财务费用)/(t-1年末总资产+t-2年总资产)×2
	dROA	总资产报酬率的变化率	ROA的变化率,t-1年的总资产报酬率相对于t-2年的增长率
	Growth	主营业务收入变化率	t-1年主营业务收入变化率,即t-1年主营业务收入相对于t-2年主营业务收入的增长率
	IND_Growth	行业主营业务收入的变化率	企业所在行业主营业务收入中位数的变化率,t-1年行业主营业务收入中位数相对于t-2年中位数的增长率

第六章　业绩型股权激励、盈余操纵与资产减值

续表

变量类型	变量符号	变量名称	变量描述
控制变量	IND_dROA	行业 ROA 的变化率	企业所在行业 ROA 中位数的变化率，t-1 年行业 ROA 中位数相对于 t-2 年中位数的增长率
	IND_dMTB	行业 MTB 的变化率	企业所在行业 MTB 中位数的变化率，t-1 年行业 MTB 中位数相对于 t-2 年中位数的增长率
	Loss	当年是否亏损	如果 t 年净利润 <0，则为 1，否则为 0
	Reversal	当年是否扭亏为盈	如果 t 年净利润大于 0，而 t-1 年为负，则为 1，否则为 0
	Turnover	董事长或总经理是否变更	t 年董事长或总经理是否变更，至少一个变更为 1，否则为 0
	Size	规模	t-1 年末总资产的自然对数
	Leverage	杠杆率	t-1 年末的资产负债率
	State	是否为国企	是国企为 1，否则为 0
虚拟变量	D	资产减值变化是否大于零	虚拟变量，激励公司 t-1 年的资产减值变化（dWD_1）是否大于零，是则为 1，否则为 0
	DS	流动资产减值变化是否大于零	虚拟变量，激励公司 t-1 年的流动资产减值变化（dSWD_1）是否大于零，是则为 1，否则为 0
	DL	长期资产减值变化是否大于零	虚拟变量，激励公司 t-1 年的长期资产减值变化（dLWD_1）是否大于零，是则为 1，否则为 0
交互变量	dWD_D	资产减值变化与 D 的交互项	资产减值准备变化（dWD_1）与 D 的交互项
	dWD_Bef_D	（dWD_1）、D 和 Before 三者交互项	资产减值准备变化（dWD_1）、D 与 Before 的交互项
	dWD_ANN_D	（dWD_1）、D 和 ANN 三者交互项	资产减值准备变化（dWD_1）、D 与 ANN 的交互项

续表

变量类型	变量符号	变量名称	变量描述
交互变量	dWD_Base_D	(dWD_1)、D 和 Base 三者交互项	资产减值准备变化（dWD_1）、D 与 Base 的交互项
	dSWD_DS	流动资产减值变化与 DS 的交互项	t-1 年流动资产减值准备变化（dSWD_1）与 DS 的交互项
	dSWD_Bef_DS	(dWD_1)、DS 和 Before 三者交互项	t-1 年流动资产减值准备变化（dSWD_1）、DS 与 Before 的交互项
	dSWD_ANN_DS	(dWD_1)、DS 和 ANN 三者交互项	t-1 年流动资产减值准备变化（dSWD_1）、DS 与 ANN 的交互项
	dSWD_Base_DS	(dWD_1)、DS 和 Bsee 三者交互项	t-1 年流动资产减值准备变化（dSWD_1）、DS 与 Bsee 的交互项
	dLWD_DL	(dWD_1)、DL 和 ANN 三者交互项	t-1 年长期资产减值准备变化（dLWD_1）与 DL 的交互项
	dLWD_Bef_DL	(dWD_1)、DL 和 Before 三者交互项	t-1 年长期资产减值准备变化（dLWD_1）、DL 与 Before 的交互项
	dLWD_ANN_DL	(dWD_1)、DL 和 ANN 三者交互项	t-1 年长期资产减值准备变化（dLWD_1）、DL 与 ANN 的交互项
	dLWD_Base_DL	(dWD_1)、DL 和 Before 三者交互项	t-1 年长期资产减值准备变化（dLWD_1）、DL 与 Base 的交互项

三、描述性统计

本研究对公告前后资产减值、资产减值变化的时间序列进行了统计检验。表6.2的结果显示，公告后一年的资产减值（WD，资产减值计提净额占上一年度末总资产的比例，以下同）均值为0.394%，相比公告年的均值0.523%有了明显的下降。流动资产减值（SWD）在公告后一年与公告当年的变化更加明显，其均值由0.512%降至0.339%；但长期资产减值（LWD）公告前后的变

第六章 业绩型股权激励、盈余操纵与资产减值

化不是很明显。资产减值、流动资产减值和长期资产减值中位数的变化趋势也基本类似，公告后一年的中位数低于公告年，但降幅不如均值明显。

表6.2 公告年前后的资产减值

Panel A：公告年前后的资产减值（%）

年度	-3	-2	-1	0	1	2	3
均值	0.502***	0.522***	0.465***	0.523***	0.394***	0.523***	0.374***
中位数	0.279***	0.242***	0.292***	0.364***	0.260***	0.317***	0.242***
样本数	130	154	176	176	149	109	89

Panel B：公告年前后的流动资产减值（%）

年度	-3	-2	-1	0	1	2	3
均值	0.687***	0.516***	0.416***	0.512***	0.339***	0.471***	0.427***
中位数	0.278***	0.227***	0.258***	0.265***	0.226***	0.273***	0.192***
样本数	130	154	176	176	149	109	89

Panel C：公告年前后的长期资产减值（%）

年度	-3	-2	-1	0	1	2	3
均值	0.0217	0.0623**	0.0451***	0.0487***	0.0424***	0.0834**	0.0810**
中位数	0	0	0	0	0	0	0
样本数	130	154	176	176	149	109	89

统计检验结果初步说明，激励公司通过在公告年增加资产减值计提，在公告后一年减少资产减值计提来操纵盈余。盈余操纵主要通过流动资产减值，而非长期资产减值来实现的，主要原因有两点：一是相比固定资产，坏账准备、存货等流动资产的减值更容易操纵；二是2007年修改后的会计准则规定，长期资产减值损失一旦确认，在以后会计期间不得转回，这对上市公司运用长期资产减值进行盈余操纵有一定的遏制。

表6.2提供了资产减值均值和中位数在公告前后的变化，为了更清楚地检验激励公司在公告前后如何通过增减资产减值来影

响盈余,表6.3进一步考察了资产减值变化在公告前后的差异。统计检验结果显示,资产减值在公告当年有了显著的增加(显著性水平为1%),资产减值净计提额的增幅相当于上一年末总资产的0.128%,由于公告当年资产减值的均值为0.512%(见表6.2的Panel A),所以这是一个相当大的增幅。公告后一年的资产减值相比公告年有比较显著的下降(显著性水平为10%),资产减值净计提额的降幅相当于上一年年末总资产的0.077%,降幅非常明显。其中,流动资产减值在公告当年有显著的增加(显著性水平为1%),增加的幅度相当于上一年年末总资产的0.154%,高于同时期资产减值的变化。公告后一年的资产减值相比公告年有了显著的下降,降低的幅度相当于上一年年末总资产的0.104%,降幅也非常明显,大于同时期资产减值的降幅。而长期资产减值在公告当年和公告后一年基本没有变化。三种资产减值变化中位数的趋势与均值的趋势基本相同。这里的检验结果进一步说明,激励公司通过在公告年增加资产减值计提,在公告后一年减少资产减值计提来操纵盈余,且盈余操纵主要通过流动资产减值,而非长期资产减值来实现的。

表6.3 公告年前后的资产减值的变化

Panel A:公告年前后的资产减值的变化(%)

年度	-3	-2	-1	0	1	2	3
均值	-0.006	0.123**	0.049	0.128***	-0.077*	0.163**	-0.027
中位数	0	0.027	0.051***	0.060***	0.010	0.048*	0.023
样本数	130	154	176	176	149	109	89

Panel B:公告年前后的流动资产减值的变化(%)

年度	-3	-2	-1	0	1	2	3
均值	0.140	0.011	0.023	0.154***	-0.104*	0.156**	-0.008
中位数	0.012	0.012*	0.043***	0.071***	0.010	0.042*	0.020
样本数	130	154	176	176	-149	109	89

续表

Panel C：公告年前后的长期资产减值的变化（%）

年度	-3	-2	-1	0	1	2	3
均值	-0.035	0.055	0.000	0.010	-0.004	0.055	0.055
中位数	0.000	0.000	0.000	0.000	0.000	0.000	0.000
样本数	130	154	176	176	149	109	89

第三节 实证检验

一、股权激励与资产减值

首先，考虑资产减值的决定因素。表6.4第一列的回归结果显示，公告前一年（Before）的资产减值与其他年份相比没有显著差异。公告年（ANN）的资产减值较高，系数为0.0018，显著性水平为5%。与张海平和吕长江的发现不同，因为有91家激励公司的基准年度为公告年，为了降低基准年度的业绩，激励公司在公告当年也会大量计提资产减值。行业的历史绩效对资产减值没有显著影响，ROA及ROA的平方项非常显著，前者系数为负，后者为正，表明ROA与资产减值之间存在"U"形关系：当ROA较低时，盈余水平越低，资产减值计提越高，说明激励公司有大清洗的动机；当ROA较高时，盈余水平越高，资产减值计提越高，表明激励公司利用资产减值进行盈余平滑。亏损变量（Loss）的系数显著为正，说明亏损公司通过计提减值进行大清洗。高管变更（Turnover）对资产减值无显著影响。

其次，将资产减值分为流动资产减值和长期资产减值。第二列的回归结果显示，Before的显著性水平为10%，系数为0.0011，ANN的显著性水平为5%，系数为0.0020，表明激励公司在公告年大幅计提流动资产减值来降低绩效。第三列提供了长期资产减值的回归结果，Before 和 ANN 不显著，表明长期资产减值不是激励公司盈余操纵的主要手段，因为利用长期资产减值进行利润操纵的难度相对较大。

最后，第四列至第六列用股权激励基准年度虚拟变量（Base）代替 Before 和 ANN 变量。回归结果显示，除长期资产减值回归外，基准年度变量的系数都显著为正，这说明为了尽可能降低行权解锁难度，激励公司会在公告基准年度增加计提资产减值准备，假设 H6.1 得到了验证。

表6.4　　　　　　　　　股权激励与资产减值

	(1) WD	(2) SWD	(3) LWD	(4) WD	(5) SWD	(6) LWD
Before	0.0011 (1.61)	0.0011* (1.77)	-0.0001 (-0.41)			
ANN	0.0018** (2.18)	0.0020** (2.52)	-0.0003 (-1.00)			
Base				0.0014** (2.13)	0.0014** (2.21)	-0.0000 (-0.02)
RET	0.0017*** (2.63)	0.0014** (2.24)	0.0006 (1.60)	0.0018*** (2.69)	0.0015** (2.31)	0.0005 (1.61)
MTB	-0.0001 (-0.72)	0.0000 (0.05)	-0.0001** (-2.54)	-0.0001 (-0.77)	-0.0000 (-0.00)	-0.0001** (-2.55)
ROA	-0.0198 (-1.44)	-0.0238 (-1.60)	-0.0006 (-0.17)	-0.0196 (-1.44)	-0.0236 (-1.59)	-0.0007 (-0.18)
ROA×ROA	0.0578 (1.53)	0.0570 (1.44)	0.0092 (1.21)	0.0573 (1.53)	0.0564 (1.44)	0.0092 (1.21)
dMTB	-0.0012** (-2.06)	-0.0007 (-1.54)	-0.0004** (-2.42)	-0.0012** (-2.14)	-0.0007 (-1.63)	-0.0004** (-2.40)

续表

	(1) WD	(2) SWD	(3) LWD	(4) WD	(5) SWD	(6) LWD
dROA	0.0000 (0.22)	0.0000 (0.16)	0.0000 (1.33)	0.0000 (0.22)	0.0000 (0.16)	0.0000 (1.34)
Growth	-0.0000** (-2.40)	-0.0000** (-2.19)	-0.0000*** (-2.63)	-0.0000*** (-2.58)	-0.0000** (-2.40)	-0.0000*** (-2.67)
IND_dROA	0.0003 (0.26)	0.0005 (0.43)	0.0002 (0.72)	0.0003 (0.27)	0.0005 (0.45)	0.0002 (0.70)
IND_Growth	-0.0014 (-0.35)	-0.0001 (-0.02)	-0.0009 (-1.15)	-0.0012 (-0.29)	0.0002 (0.05)	-0.0010 (-1.26)
IND_dMTB	0.0002 (0.11)	0.0013 (0.76)	0.0003 (1.35)	0.0002 (0.12)	0.0013 (0.77)	0.0003 (1.28)
Loss	0.0153*** (4.42)	0.0143*** (4.34)	0.0024** (2.02)	0.0152*** (4.42)	0.0143*** (4.33)	0.0024** (2.03)
Turnover	0.0015* (1.72)	0.0015* (1.68)	-0.0000 (-0.04)	0.0014* (1.68)	0.0015 (1.62)	0.0000 (0.04)
Reversal	0.0045** (2.03)	0.0044* (1.78)	0.0005 (1.49)	0.0043** (1.97)	0.0042* (1.71)	0.0005 (1.58)
Leverage	0.0046 (1.30)	0.0052 (1.31)	-0.0004 (-0.52)	0.0045 (1.27)	0.0051 (1.28)	-0.0003 (-0.51)
State	0.0004 (0.57)	-0.0003 (-0.38)	0.0003 (1.31)	0.0004 (0.56)	-0.0003 (-0.40)	0.0003 (1.35)
Size	-0.0001 (-0.37)	-0.0000 (-0.02)	-0.0001 (-0.79)	-0.0002 (-0.42)	-0.0000 (-0.08)	-0.0001 (-0.78)
_cons	0.0117* (1.67)	0.0091 (1.24)	0.0029 (1.12)	0.0122* (1.74)	0.0096 (1.31)	0.0028 (1.11)
N	1292	1292	1292	1292	1292	1292
adj. R^2	0.236	0.234	0.014	0.235	0.232	0.015

注：括号内为经 White (1980) 异方差修正后的 t 值，*、**、*** 分别表示 0.10、0.05 和 0.01 的显著性水平；以上模型已控制年度和行业因素，为节省篇幅而未列出；以上所有连续变量均已进行 winsorize 处理，即对所有小于 0.5% 分位数或大于 99.5% 分位数的数值，令其值分别等于 0.5% 分位数或大于 99.5% 分位数。以下同。

二、资产减值变化的逆转

根据会计稳健性原则,当资产账面价值低于公允价值时,上市公司应当及时、充分地确认损失;而当资产公允价值上升高于账面价值时,出于稳健性考虑,上市公司应当严格证实后才能确认收益。这种会计确认上的不对称性造成损失确认更加及时,以及盈余变化的不对称性,即正盈余变化持续性较强,而负盈余变化会发生逆转。同时,会计确认及时性上的不对称性还会导致资产增减值本身的不对称性——资产减值确认比资产公允价值上升更及时,以及资产减值变化持续性的不对称性——正资产减值变化的持续性要低于负资产减值变化的持续性,或者说正资产减值变化会发生逆转。

本研究的回归模型中,上一年度资产减值变化(dWD_1)与资产减值变化是否大于零的交互项(dWD_D)系数的符号均为负且非常显著,说明正资产减值变化会发生逆转。Loss 的系数显著为正,说明亏损公司增加资产减值计提来进行大清洗。Reversal 的系数显著为负,说明扭亏公司在扭亏当年减少了资产减值的计提。Leverage 的系数显著为负,说明高杠杆率公司会减少资产减值的计提来提高盈余,债务契约的盈余管理假设而不是有效契约假设得到了验证。公司规模(Size)的符号显著为正,说明大公司的稳健性更强。高管变更(Turnover)对资产减值没有显著影响。

本研究另外用激励公司 t−1 年的资产减值变化、流动资产减值变化或长期资产减值变化是否大于该年行业中位数来代替 D、DS 和 DL 来度量正资产减值变化、正流动资产减值变化和正长期资产减值变化,假设 H6.2 得到了验证。

表 6.5　股权激励与资产减值的变化

	(1) dWD	(2) dSWD	(3) dLWD
dWD_1	0.0821*** (2.68)		
dWD_D	-1.0112*** (-18.45)		
dSWD_1		0.0939*** (3.22)	
dSWD_DS		-0.9600*** (-17.09)	
dLWD_1			-0.0119 (-0.31)
dLWD_DL			-0.8599*** (-16.50)
RET	0.0005 (0.54)	0.0002 (0.32)	0.0002 (0.59)
MTB	0.0002 (1.56)	0.0003** (2.47)	-0.0001 (-0.96)
ROA	-0.0660*** (-8.93)	-0.0641*** (-10.36)	-0.0027 (-0.90)
ROA×ROA	0.0988*** (6.05)	0.0833*** (6.12)	0.0136** (2.03)
dMTB	0.0009 (1.47)	0.0013*** (2.59)	-0.0002 (-0.80)
dROA	0.0006*** (4.11)	0.0003** (2.24)	0.0003*** (5.71)
Growth	0.0000 (1.33)	0.0000 (1.38)	0.0000 (0.26)
IND_dROA	-0.0016 (-0.76)	-0.0008 (-0.46)	-0.0008 (-0.92)

续表

	(1) dWD	(2) dSWD	(3) dLWD
IND_Growth	0.0094 (1.27)	0.0101 (1.64)	-0.0012 (-0.39)
IND_dMTB	0.0000 (0.02)	0.0020 (0.85)	-0.0023** (-2.04)
Loss	0.0099*** (4.21)	0.0079*** (3.99)	0.0021** (2.16)
Turnover	-0.0003 (-0.28)	-0.0004 (-0.45)	-0.0000 (-0.08)
Reversal	-0.0134*** (-5.35)	-0.0138*** (-6.53)	-0.0005 (-0.49)
Leverage	-0.0139*** (-5.32)	-0.0118*** (-5.35)	-0.0023** (-2.22)
State	-0.0005 (-0.49)	-0.0011 (-1.36)	0.0003 (0.63)
Size	0.0013*** (2.89)	0.0013*** (3.63)	0.0000 (0.05)
_cons	-0.0134 (-1.44)	-0.0154** (-1.98)	0.0010 (0.26)
N	1116	1116	1116
adj. R^2	0.494	0.507	0.398

三、进一步的检验

本研究已验证了激励公司在公告前一年或公告年会增加计提资产减值准备,以及资产减值变化的逆转,在此将进一步检验股权激励如何影响公告前资产减值变化的逆转。类似巴苏(Basu,1997)利用盈余变化的持续性来检验稳健性的思路,本研究通过检验股权激励对资产减值变化持续性的影响来考察激励公司如何利用资产减值来进行盈余操纵。

表6.6第（1）列的回归结果显示，资产减值变化滞后项（dWD_1）的回归系数为正且非常显著，dWD_1 与 dWD_1 是否大于其行业中位数的交互项（dWD_D）的回归系数为负且显著，说明负资产减值变化会持续下去，但是正资产减值变化会发生逆转。与盈余变化类似，会计稳健性也会造成资产减值变化的非对称性。dWD_Bef_D 的系数为 0.591，显著性水平为 1%，说明在公告前一年，正资产减值变化逆转的速度被减缓，对此可解释为，管理层为了降低公告前的业绩，继续把资产减值变化维持在一个较高的水平上，从而降低了正资产减值变化逆转的速度。dWD_1 和 dWD_D 两个变量系数之和为 −1.020，假设检验的 F 值为 521.7，显著水平高于 1%，说明资产减值变化总体上有逆转的倾向，这种逆转是由正资产减值变化造成的。dWD_1、dWD_D 和 dWD_Bef_D 三个变量的系数之和为 −0.429，假设检验的 F 值为 16.8，显著水平高于 1%，说明如果公告前一年度资产减值变化较大，则公告前一年资产减值变化的逆转速度被减缓，但总体上仍有下降的趋势。

在表6.6第（2）列中，dWD_ANN_D 的系数显著性水平为 5%，回归系数为 0.401，低于 dWD_Bef_D 的系数，说明在公告年正资产减值变化逆转的速度也有明显的减缓。第三列用 Base 变量来代替 Before 和 ANN，回归结果显示，dWD_Base_D 的系数为 0.540，介于 dWD_Bef_D 和 dWD_ANN_D 的系数之间，显著性水平为 1%。dWD_Bef_D、dWD_ANN_D 和 dWD_Base_D 三个变量系数的排序也得到了合理的解释：大部分（310 个）激励方案的基准年为公告年前一年，小部分（94 个）方案的基准年为公告年，这就造成 dWD_Bef_D 的回归系数高于 dWD_ANN_D 的系数。本研究结论进一步验证了激励公司会在公告基准年度（公告前一年或当年）大量计提资产减值。

表6.6前三列的回归结果表明，资产减值变化总体上会逆转，且

正资产减值变化逆转的速度更快；但在公告基准年（公告前一年或公告年），正资产减值变化逆转的速度变慢，假设 H6.2 得到了验证。

本研究进一步检验流动资产减值的变化和长期资产减值变化的逆转特性，表 6.6 第（4）列至第（6）列和第（7）列至第（9）列分别提供了流动资产减值变化的回归结果。第（4）列至第（6）列的结果显示，流动资产减值变化的回归结果类似于资产减值变化，流动资产减值变化会逆转，且正流动资产减值变化逆转的速度更快；但在公告基准年，正流动资产减值变化逆转的速度变慢。

不同于资产减值变化和流动长期资产减值变化，第（7）列至第（9）列的回归结果显示，dLWD_DL 的回归系数为负且显著，说明长期资产减值变化会发生逆转；但三个交互项 dLWD_Bef_DL、dLWD_ANN_DL 和 dLWD_Base_DL 的系数并不显著，说明长期资产减值变化逆转的速度并没有受到股权激励公告的影响。

总的来说，在公告基准年（公告前一年或公告年），如果前一年度的资产减值变化较高，那么激励公司会继续将资产减值变化维持在一个相对较高的水平上，延缓资产减值变化正常的逆转。对资产减值的操纵主要是通过流动资产减值，而不是长期资产减值来进行的，这与已有资产减值文献的结论是一致的。

然而，与已有股权激励中资产减值研究有所不同的是，本研究采用资产减值净计提占上一年度末总资产，而不是资产减值净计提占上一年度净利润来度量资产减值，从而避免了净利润波动带来的影响。此外，张海平和吕长江认为激励公司会在公告前一年大规模计提资产减值，并在公告年和公告后一年少计提或转回资产减值。本研究发现，由于部分激励公司的基准年度为公告年，这一部分公司也可能在公告年增加资产减值净计提来降低该年业绩。

为此，本研究另外用激励公司 t-1 年的资产减值变化、流动资产减值变化或长期资产减值变化是否大于该年行业中位数来代替 D、DS 和 DL，所得结论与表 6.6 和表 6.7 非常类似。

表 6.6 股权激励与资产减值变化的逆转

	(1) dWD_1	(2) dWD_1	(3) dWD_1	(4) dSWD_1	(5) dSWD_1	(6) dSWD_1	(7) dLWD_1	(8) dLWD_1	(9) dLWD_1
Before	0.0002 (0.14)			0.0007 (0.67)			-0.0002 (-0.32)		
ANN		0.0006 (0.50)			0.0012 (1.17)			-0.0004 (-0.86)	
Base			0.0002 (0.18)			0.0008 (0.76)			-0.0002 (-0.41)
dWD_1	0.0864*** (2.86)	0.0806*** (2.64)	0.0830*** (2.73)						
dWD_D	-1.106*** (-19.44)	-1.026*** (-18.58)	-1.067*** (-18.99)						
dWD_Bef_D	0.591*** (5.24)								
dWD_ANN_D		0.401** (2.12)							
dWD_Base_D			0.540*** (4.02)						

续表

	(1) dWD_1	(2) dWD_1	(3) dWD_1	(4) dSWD_1	(5) dSWD_1	(6) dSWD_1	(7) dLWD_1	(8) dLWD_1	(9) dLWD_1
dSWD_1				0.102*** (3.56)	0.0924*** (3.17)	0.0958*** (3.31)			
dSWD_DS				−1.102*** (−18.27)	−0.976*** (−17.18)	−1.032*** (−17.62)			
dSWD_Bef_DS				0.564*** (5.62)					
dSWD_ANN_DS					0.311* (1.85)				
dSWD_Base_DS						0.457*** (3.95)			
dLWD_1							−0.0114 (−0.30)	−0.0120 (−0.32)	−0.0115 (−0.30)
dLWD_DL							−0.862*** (−16.48)	−0.865*** (−16.54)	−0.866*** (−16.57)
dLWD_Bef_DL							0.164 (0.56)		

续表

	(1) dWD_1	(2) dWD_1	(3) dWD_1	(4) dSWD_1	(5) dSWD_1	(6) dSWD_1	(7) dLWD_1	(8) dLWD_1	(9) dLWD_1
dLWD_ANN_DL								0.235 (1.01)	
dLWD_Base_DL									0.492 (1.53)
RET	0.000715 (0.86)	0.000426 (0.51)	0.000660 (0.79)	0.000523 (0.76)	0.000178 (0.26)	0.000455 (0.65)	0.000198 (0.58)	0.000218 (0.64)	0.000183 (0.54)
MTB	0.000242 (1.57)	0.000241 (1.55)	0.000239 (1.55)	0.000319** (2.50)	0.000321** (2.47)	0.000318** (2.47)	-0.0000599 (-0.94)	-0.0000618 (-0.97)	-0.0000602 (-0.95)
ROA	-0.0667*** (-9.14)	-0.0661*** (-8.95)	-0.0671*** (-9.14)	-0.0640*** (-10.50)	-0.0640*** (-10.36)	-0.0648*** (-10.54)	-0.00270 (-0.89)	-0.00279 (-0.92)	-0.00267 (-0.89)
ROA×ROA	0.0997*** (6.19)	0.101*** (6.18)	0.0987*** (6.09)	0.0842*** (6.29)	0.0850*** (6.26)	0.0830*** (6.14)	0.0136** (2.04)	0.0135** (2.02)	0.0139** (2.08)

表 6.7　　股权激励与资产减值变化的逆转

	(1) dWD_1	(2) dWD_1	(3) dWD_1	(4) dSWD_1	(5) dSWD_1	(6) dSWD_1	(7) dLWD_1	(8) dLWD_1	(9) dLWD_1
dMTB	0.000475 (0.81)	0.000851 (1.44)	0.000643 (1.09)	0.000725 (1.43)	0.00129** (2.54)	0.00101** (1.99)	-0.000186 (-0.80)	-0.000192 (-0.82)	-0.000183 (-0.79)
dROA	0.000537*** (3.81)	0.000576*** (4.05)	0.000542*** (3.82)	0.000226* (1.93)	0.000260** (2.19)	0.000235** (1.99)	0.000330*** (5.67)	0.000330*** (5.68)	0.000327*** (5.63)
Growth_REV	0.0000048 (1.28)	0.0000052 (1.35)	0.0000049 (1.28)	0.0000040 (1.29)	0.0000045 (1.41)	0.0000041 (1.31)	0.00000039 (0.25)	0.00000034 (0.22)	0.00000038 (0.25)
IND_dROA	-0.00156 (-0.77)	-0.00152 (-0.74)	-0.00152 (-0.75)	-0.000743 (-0.44)	-0.000723 (-0.42)	-0.000746 (-0.44)	-0.000792 (-0.94)	-0.000803 (-0.95)	-0.000799 (-0.95)
IND_GROWTH	0.00924 (1.27)	0.00951 (1.29)	0.00925 (1.26)	0.0108* (1.77)	0.0101 (1.64)	0.0103* (1.68)	-0.00123 (-0.41)	-0.00110 (-0.36)	-0.00137 (-0.45)
IND_dMTB	0.0000885 (0.03)	0.0000720 (0.03)	0.000333 (0.12)	0.00204 (0.90)	0.00195 (0.85)	0.00212 (0.93)	-0.00229** (-2.03)	-0.00228** (-2.03)	-0.00226** (-2.01)
Loss	0.0101*** (4.36)	0.00985*** (4.19)	0.0100*** (4.29)	0.00834*** (4.30)	0.00787*** (4.01)	0.00811*** (4.15)	0.00207** (2.15)	0.00206** (2.14)	0.00208** (2.16)
Change	-0.000160 (-0.16)	-0.000176 (-0.17)	-0.000158 (-0.16)	-0.000193 (-0.23)	-0.000263 (-0.31)	-0.000226 (-0.27)	-0.000034 (-0.08)	-0.000049 (-0.12)	-0.000040 (-0.10)

续表

	(1) dWD_1	(2) dWD_1	(3) dWD_1	(4) dSWD_1	(5) dSWD_1	(6) dSWD_1	(7) dLWD_1	(8) dLWD_1	(9) dLWD_1
Reversal	-0.0129*** (-5.19)	-0.0134*** (-5.32)	-0.0127*** (-5.09)	-0.0126*** (-6.06)	-0.0136*** (-6.44)	-0.0128*** (-6.06)	-0.000525 (-0.52)	-0.000528 (-0.53)	-0.000609 (-0.61)
Leverage	-0.0130*** (-5.03)	-0.0138*** (-5.30)	-0.0135*** (-5.23)	-0.0104*** (-4.76)	-0.0116*** (-5.26)	-0.0113*** (-5.13)	-0.00226** (-2.20)	-0.00233** (-2.27)	-0.00223** (-2.18)
State	-0.000339 (-0.34)	-0.000495 (-0.50)	-0.000463 (-0.47)	-0.000925 (-1.13)	-0.00111 (-1.34)	-0.00109 (-1.33)	0.000242 (0.59)	0.000235 (0.58)	0.000229 (0.56)
Size	0.00116*** (2.70)	0.00124*** (2.86)	0.00128*** (2.96)	0.00119*** (3.34)	0.00131*** (3.62)	0.00133*** (3.69)	0.00000760 (0.04)	0.00000560 (0.03)	0.00000777 (0.04)
_cons	-0.0123 (-1.34)	-0.0131 (-1.41)	-0.0143 (-1.54)	-0.0142* (-1.85)	-0.0154** (-1.98)	-0.0163** (-2.11)	0.00106 (0.28)	0.00108 (0.29)	0.00109 (0.29)
N	1116	1116	1116	1116	1116	1116	1116	1116	1116
adj. R^2	0.507	0.496	0.502	0.523	0.509	0.514	0.397	0.398	0.399

第四节 本章小结

管理层会滥用会计准则授予的自由裁量权,通过选择资产减值的时机和规模来操纵利润实现自身利益,本章通过业绩型股权激励验证了管理层的这种机会主义动机。由于业绩型股权激励中股票期权的行权条件和限制性股票的解锁条件与股权激励公告前的业绩直接相关,公告前的业绩越高,行权解锁条件就越高,为了降低行权或解锁难度,高管就有动机进行向下的盈余管理。资产减值是高管进行盈余管理的一种工具,实施股权激励的公司有动机操纵资产减值准备,在股权激励方案公告基准年度(公告前一年或当年)大量计提资产减值损失,并在以后年度进行转回(仅限流动性资产减值)或者少计提,进而降低基准年度的业绩,降低行权解锁条件;而且还可以平滑利润,为后续年度的行权解锁隐藏利润。本章检验了股权激励公司如何利用资产减值来降低公告前一年或当年的业绩水平。首先,研究发现在公告前一年或当年激励公司资产减值准备计提较高。其次,由于会计稳健性,资产减值变化有逆转的特性,且资产减值变化越大,逆转的速度越快,但在激励基准年度,资产减值变化逆转的速度被减缓,这是因为为了降低基准年度的业绩,激励公司会继续将资产减值变化维持在一个较高的水平上。最后,研究表明管理层主要是通过流动资产减值而非长期资产减值来进行盈余操纵。

相比已有研究,本章通过资产减值的变化数据进一步阐明了股权激励公司会通过选择资产减值的时机和规模来进行盈余操纵。本章还利用股权激励样本验证了资产减值变化的逆转以及正资产减值变化逆转的速度更快等特征,同时进一步明确了会计稳健性和资产减值之间的关系——资产减值计提是会计稳健性的重要体现。本研究拓展了管理层激励与管理层机会主义行为之间关系方面的研究，仍存在许多不足之处，鉴于资产减值变化的逆转性质，在股权激励的整个有效期内考虑资产减值计提也许更有意义，但限于进入行权解锁阶段的激励公司还比较少，本研究只考虑了股权激励公告前的资产减值，而没有分析股权激励其他阶段的资产减值计提。操控性应计和资产减值是激励公司盈余管理的两种手段，本研究尚未考虑两者之间的关系，这些内容都有待后续研究。

中国上市公司股权激励
有效性研究
Chapter 7

第七章 业绩型股权激励对收益平滑的影响研究

已有文献表明，股权激励也会造成高管通过操纵盈余、回溯股票期权授予日期、选择性信息披露、会计造假、内幕交易等方式来最大化其股票期权收益，股权激励不但达不到激励高管的目的，反而引发新的高管机会主义行为。为了达到行权解锁业绩条件，业绩性股权激励更有可能诱发高管在激励有效期内进行盈余操纵。国内已有部分文献研究了股权激励公告前的盈余管理行为，得出的结论是，为了降低行权解锁难度或降低授予价格，高管有在公告前向下进行盈余管理的倾向。但是，较少有文献分析股权激励对激励公司在股权激励实施后收益平滑的影响。由于"一次授予，多次行权解锁"的制度安排，在股权激励计划方案实施后，为了均匀和尽可能多地行权解锁，上市公司高管有在整个行权解锁期内平滑利润的动机：当业绩较高时会隐藏利润，为以后的行权解锁留有余地；当业绩较差时，会提高绩效以尽量满足行权解锁条件。

本章运用双重差分方法检验了激励公司股权激励实施前后收益平滑度的差异，发现与同一时期的非激励公司相比，股权激励方案公告后，激励公司的收益平滑程度上升。此外，本章对已有文献作出两点突破，第一，分析了业绩型股权激励与收益平滑之间的关系，丰富了薪酬激励与盈余操纵之间关系的研究；第二，已有国内文献多研究激励计划公告前高管的机会主义行为，本章则更关注激励计划实施环节高管的收益平滑行为。

第一节 理论分析和研究假设

现代企业所有权与控制权的分离，使得股东财富最大化与管理层所追求的个人利益最大化之间存在偏离，引发了代理问题。为减少代理成本，企业期望通过设计与高管努力程度挂钩的薪酬契约来激励高管。但是，由于信息不对称和契约的不完备性，高管的努力程度很难衡量或被证实，因此无法作为缔约的基础，股东只能通过企业绩效指标来间接观测管理层的努力程度。实践中，企业往往采用与会计业绩相挂钩的薪酬体系，但由于管理层具有信息优势，再加上会计制度授予管理层的自由裁量权，管理层可以通过选择对自己有利的会计方法和会计政策来操纵盈余，提高自身薪酬。沃茨和齐默尔曼（Watts and Zimmerman，1978）和希利（Healy，1985）等人的研究表明，以盈余为基础的薪酬机制将导致公司高管有动机采取使其薪酬最大化的会计政策。

20世纪90年代，英美出现了股东积极介入公司治理的股东积极主义，其中的一项重要内容就是授予公司高管更多的股票和股票期权，使高管薪酬与股价而不是会计业绩指标挂钩。股权激励在一定程度上缓解了管理层的激励相容问题，但是只有股票价格上升时股票期权才有价值，股票期权持有人在股价上升时获得收益却在股价下降时不会受到实际损失。尤其是在牛市中，即使业绩一般，管理层也能顺利行权。为了克服标准股票期权仅与总体股东回报这一指标挂钩的不足，欧美等国设计出了在授权（vest）环节与其他绩效指标挂钩的业绩型股票期权（performance-vested-equity incentive）。约翰森和田（Johnson and Tian，2000）证明，业绩型股权激励可以提供比标准股权激励更高强度的激励。在机构投资者的压力下，英国绝大多数上市公司的股权激励计划中都包含了业绩条款，而且为了剔除宏观经济和行业波动所造成的共同风险，英国的业绩型股权激励在对高管进行业绩考核时还采用了相对绩效评估（relative performance evaluation）方法，避免股权激励变成管理层的"意外之财"。一些机构投资者，如美国加利福尼亚州公共雇员退休基金（CalPERS，2003）要求其所投资的上市公司高管薪酬计划必须包含业绩型股票期权。

吸取了发达国家的经验，我国在设计股权激励方案时，跳过了标准股权激励，直接采用了业绩型股权激励制度。为了防止股权激励变成授予管理层的一项福利,证券监管层和国资部门对股权激励设置了严格的限制条款。与英美等国的业绩型股权激励不同的是,中国的业绩型股权激励采取"一次授予、分期行权或解锁",授予高管的每一个激励计划都包含了多个(一般为3个)行权解锁期,每一行权解锁期都设置了相应的业绩条件。

现有文献已经验证,股权激励也会造成高管通过操纵盈余。由于"一次授予,多次行权解锁"的制度安排,在股权激励计划方案实施后,为了尽可能均匀行权解锁,上市公司高管有在整个行权解锁期内平滑利润的动机:当业绩高于业绩门槛时,高管可能会操纵应计向下调整盈余,为下一期的行权解锁隐藏业绩;反过来,如果业绩低于业绩门槛,高管可能操纵应计会向上调整盈余,顺利行权解锁。操控性应计是激励公司实施收益平滑的一种手段。应计的逆转特性(Dechow、Hutton、Kim and Sloan,2012;Allen、Larson and Sloan,2013)给激励公司实施收益平滑提供了便利,如果前一阶段的业绩较高,高管希望降低报告盈余,则可通过降低操控性应计来实现;如果后续阶段业绩下滑,由于应计逆转,操控性应计就会上升,导致报告盈余上升从而提高了业绩达标的可能性。

因此本章提出以下假设:

H7.1:相比其他公司,股权激励计划实施后上市公司的收益平滑程度比实施前上升。

第二节 研究设计

一、样本选择

本研究选取了2001~2013年度中国A股上市的所有公司,剔除掉金融类上市公司,最后得到 2004~2013 年共 10 年的面板数据。本研究对股权激励样本进行如下的筛选:(1)在 2006 年 1 月《上市公司股票期权激励管理办法(试行)》颁布之前,部分上市公司在股权分置改革时承诺推出股权激励计划方案,这部分激励方案不完全满足《管理办法》的部分条款,故删除这部分样本;(2)金融、保险业公司的盈余具有特殊性,因而剔除掉金融和保险业公司公布的激励方案;(3)部分公司的单个股权激励方案包含了期权、限制性股票、股票增值权等多种激励标的物,视为同一个股权激励方案。截至 2012 年 12 月 31 日,共有 385 家公司公布了 438 个股权激励计划草案。(4)如同一家公司在不同时间公布了多个激励方案,本研究删除除第一个方案以外的其他方案,保留 385 个方案,这 385 家股权激励公司就成为本研究的处理组,其他非激励公司作为本研究的控制组。

二、模型设定和变量定义

本研究在实证分析部分用到的主要方法为双重差分方法。双重差分法通过建模来有效控制研究对象间的事前差异,将政策影响的真正结果有效分离出来,近年来在公司财务和公司治理中得到广泛的应用。陈和于(Chan and Yu,2012)和德哈恩、霍吉和谢夫林(Dehaan、Hodge and Shevlin,2012)采用了双重差分方法(Difference-in-Differences)考察了美国上市公司自愿实施的薪酬追回条款(Clawback Provisions)是否提高了会计盈余质量。本研究同样采用了双重差分方法,回归模型如下所示:

$$IS_{it} = \alpha_0 + \alpha_1 INC_{it} + \alpha_2 After_{it}/Before_{it} + \sum_{j=1} \beta_j ControlVariables_{jit}$$
(7.1)

INC_i 为股权激励虚拟变量;$INC_i = 1$ 表示处理组;即激励公

司；$INC_i = 0$ 表示控制组，为所有其他非激励公司。$After_{it}$ 为股权激励实施阶段虚拟变量，股权激励公告后的年份为1，对激励公司的公告当年及以前年份和非激励公司的所有年份，$After_{it} = 0$。

为了进一步比较股权激励公司在实施前后的收益平滑，本研究重新划分了双重差分的前后两个阶段，设置了 $Before_{it}$ 变量，对股权激励公司而言，如果样本处在公告前第2年及之前年份的这一时间段，则 $Before_{it} = 1$，否则为0。划分的依据是，股权激励计划实施后的行权或解锁条件一般都是基于历史（公告前一年或当年）业绩，较高的历史业绩无疑会相应提高行权解锁难度。由于股权激励公司的业绩一般都较好，预期公司的股权激励计划被股东批准的机会较大，高管首先要考虑的就是计划实施后的行权或解锁，因而会在公告前就开始平滑业绩，隐藏部分净利润，为随后的行权或解锁留有余地。本研究的控制变量包括盈利能力、增长率、企业类型、杠杆率、企业规模等变量。

在标准的双重差分模型中，事件或政策改变的时间对处理组来说都是一样的，但是在公司财务中，处理组所经历的财务事件或政策改变发生的时点并不完全一致。因此，本研究回归系数的含义与标准的双重差分模型也略有不同。在本研究的回归模型中，INC 的系数度量了在股权激励方案公告前激励公司与非激励公司在收益平滑上的差异。After 和 Before 的系数则度量了相对同一时期的非激励公司，激励公司的收益平滑度在实施前后的变化。

1. 收益平滑

收益平滑指标。根据已有文献，本研究用五个指标来度量收益平滑。实证研究表明，上市公司存在利用会计政策授予的自由裁量权进行收益平滑的现象。例如，可以通过加速确认未来的收入或者推迟确认费用和成本来提高当前的经营业绩；此外，管理层也可以通过低估和隐藏当前较好的业绩而为未来留有余地。无论任何一种情况，会计应计都降低了盈余的波动性，使得盈余的波动与经营性净现金流的波动不匹配。按照鲁兹、南达和维索茨基（Leuz、Nanda and Wysocki，2003）、法兰西斯、拉丰、奥尔森和希佩斯（Francis、Lafond、Olsson and Schipper，2004）和麦金尼斯（Mcinnis，2010）的方法，本研究用盈余的标准差与经营活动产生的净现金流（CFO）的标准差之比 $\sigma(Income)/\sigma(CFO)$ 来度量收益平滑。用经营性净现金流来调整是为了控制经济活动的差异。盈余用净利润（NI）或非经常损益前净利润（EBXI）来衡量，盈余和经营性净现金流用上一年年末总资产进行调整，这样得到第一个和第二个收益平滑指标。这两个指标度量了盈余相对于经营现金流的波动程度，如果激励公司通过操控性应计进行收益平滑，那么盈余变化的波动就小于经营性净现金流的波动，因此 IS_1 和 IS_2 越小，意味着盈余被操纵的程度越大，盈余越平滑。

与上述分析同理，管理层运用会计应计来降低盈余的波动性，导致应计变化与经营性净现金流变化的方向相反。为了进一步增加结果的稳健性，本研究运用 Myers and Skinner（2002）、Leuz et al.（2003）和 Tucker and Zarowin（2006）的方法，用操控性应计（DA）变化与操控前净利润（PDI）变化之间的相关系数 $Corr(\Delta DA, \Delta PDI)$ 的负数来衡量收益平滑 IS_3，操控性应计则根据修正琼斯模型（Dechow、Sloan and Sweeney，1995）计算得到。该方法假设存在一个没有被操控的真实盈余时间序列数据，高管利用操控性应计来平滑真实盈余，如果操控前实际盈余的变化很大，为了降低报告盈余，就必须减小应计，操控性应计的变化就较小；反之亦然。因此，如果盈余被平滑，那么 ΔDA 与 ΔPDI 之间的相关系数就为负。与前面两个指标不同的是，收益平滑程度越高，两者之间相关系数就越小，收益平滑度就越大。

收益平滑的第四个指标 IS_4 和第五个指标 IS_5 分别是盈余变化的标准差 $\sigma(\Delta NI)$ 和 $\sigma(\Delta EBXI)$（Barth、Landsman and Lang，

2008），ΔNI 和 $\Delta EBXI$ 分别为净利润和非经常损益前利润的变化，同样，$\sigma(\Delta NI)$ 和 $\sigma(\Delta EBXI)$ 越小意味着收益平滑程度越高。

由于中国上市公司上市的时间还不够长，股权激励于 2006 年才开始正式实施，为了确保有足够的样本，本研究在计算 t 年某一公司盈余、盈余变化方差或相关系数时，对每个样本公司都使用了当年及前 3 年共 4 年的时间序列观测值。例如，第 t 年的 $\sigma(NI)$ 和 $\sigma(CFO)$ 分别用样本公司第 t-3 年到第 t 年的净利润和经营活动现金流量的标准差来计算。

与图克和扎拉维（Tucker and Zarowi，2006）的处理方法类似，为了减小极端值的影响，本研究在计算除第三个之外的其他四个收益平滑指标时使用收益平滑变量的秩值而不是原始值。具体方法如下：(1) 对计算出的收益平滑变量分行业年度按升序进行排序，将行业年度内样本总数记为 N，各样本公司的排序值记为 Rank；(2) 用 (Rank-1)/(N-1) 作为各公司调整后的收益平滑指标。所有经过处理的收益平滑变量的秩值均在 [0,1] 区间内。经过这一处理后，调整后的收益平滑指标越小意味着收益平滑度越高。根据相关系数计算得到 IS_3，其取值处于 [-1,1] 区间内，因此无须标准化。

2. 控制变量

已有关于盈余管理和收益平滑的文献表明，成长性、盈利能力、规模、杠杆率等指标均与收益平滑相关。盈利能力用资产回报率（ROA）来度量，由于业绩太好或太差的企业更有可能进行收益平滑，因此，本研究在回归模型中加入了资产回报率的平方项（ROASQ）。亏损企业可能通过盈余管理使披露的盈余数据恰好跨过盈亏临界点，因此在变量中加入是否为微利企业（Small Earnings），如果 ROA 处在 [0, 2%] 区间则 Small Earnings = 1；否

第七章 业绩型股权激励对收益平滑的影响研究

则为 0。增长性用营业收入增长率（Sales Growth）和账市比（BM）表示。其他控制变量包括是否为国有企业（State）、杠杆率（Leverage）、亏损企业（Loss）和用总市值度量的企业规模（Size）等。详细的变量定义见表 7.1。

表 7.1　　　　　　　　变量定义

变量类型	变量符号	变量名称	变量描述
被解释变量	IS_1	收益平滑 1	净利润的标准差与经营活动产生的现金净流量（CFO）的标准差之比 $\sigma(NI)/\sigma(CFO)$
	IS_2	收益平滑 2	非经常性损益前净利润的标准差与经营活动产生的现金净流量（CFO）的标准差之比 $\sigma(NI)/\sigma(CFO)$
	IS_3	收益平滑 3	操控性应计（DA）的变化与操控前净利润（PDI）变化之间相关系数 Corr（ΔDA, ΔPDI）的负数
	IS_4	收益平滑 4	净利润变化的标准差
	IS_5	收益平滑 5	非经常性损益前净利润变化值的标准差
	$Rank_1$	收益平滑排序 1	将 IS_1 按照行业年度排序，然后进行标准化，IS_1 越小，$Rank_1$ 越小，即收益平滑程度越高
	$Rank_2$	收益平滑排序 2	将 IS_2 按照行业年度排序，然后进行标准化，IS_2 越小，$Rank_2$ 越小，即收益平滑程度越高
	$Rank_3$	收益平滑排序 3	将 IS_3 按照行业年度排序，然后进行标准化，IS_3 越小，$Rank_3$ 越小，即收益平滑程度越高
	$Rank_4$	收益平滑排序 4	将 IS_4 按照行业年度排序，然后进行标准化，IS_4 越小，$Rank_4$ 越小，即收益平滑程度越高

续表

变量类型	变量符号	变量名称	变量描述
被解释变量	DCA	操控性流动应计	流动性应计=(流动资产的变化-货币资金的变化)-(流动性负债的变化-短期内到期的长期债务)。非操控性流动性应计的估计采取了修正的琼斯模型
	DTA_1	操控性总应计	操控性应计的估计采取了修正的琼斯模型,其中总应计=净利润-经营性净现金流
	DTA_2	操控性总应计	操控性应计的估计采取了修正的琼斯模型,其中总应计=非经常性损益前净利润-经营性净现金流
主要解释变量	INC	股权激励	虚拟变量,如果公司公布了股权激励方案,则INC_i等于1,否则为0
	After	股权激励后	虚拟变量,股权激励公告后第2年及以后年份为1,其他年份为0
	Before	股权激励前	虚拟变量,股权激励公告前第2年及之前的阶段为1,其他年份为0
控制变量	BM	账市比	期末总资产与市场价值之比。市场价值=股权市值+净债务市值,其中:非流通股权市值用流通股股价代替计算
	Sales Growth	成长性	相比上一年的主营业务收入增长率
	ROA	总资产收益率	息税前利润比期末总资产
	Size	规模	期末总市值的自然对数
	Leverage	杠杆率	期末的资产负债率
	Small Earnings	是否微利	ROA是否处在[0,2%]区间
	Loss	是否亏损	当年净利润(NI)<0为1,否则为0
	State	是否为国企	国企为1,否则为0
	IND	行业	采用证监会行业标准,其中制造业细分到次类行业

三、描述性统计分析

主要变量的描述性统计如表7.2所示。

表7.2　　主要变量的描述性统计

变量	样本数	均值	中位数	标准差	最小值	最大值
IS_1	11135	1.190	0.430	33.82	0	3495
IS_2	14921	1.720	0.480	48.34	0	4279
IS_3	14921	3.590	0.0300	194.1	0	11815
IS_4	9925	0.750	0.0300	21.96	0	975.9
IS_5	11042	0.710	0.940	0.470	-1	1
BM_1	14921	0.630	0.620	0.280	0	1.870
Sales Growth	14890	11.21	0.120	1111	-1.800	130000
Loss	14921	0.130	0	0.330	0	1
Small Earnings	14921	0.280	0	0.450	0	1
Leverage	14919	0.690	0.530	7.570	-0.190	877.3
Size	14921	21.87	21.73	1.110	18.49	28.12
ROA	14919	1.510	0.0300	193.4	-2146	23510
State	14921	0.620	1	0.480	0	1

第三节　实证检验

一、股权激励样本实施前后收益平滑的变化

本章首先删除非股权激励样本，只考虑股权激励公司在公告前后收益平滑的变化。回归结果如表7.3所示，时间虚拟变量

After 的系数在模型（3）中显著为负，在模型（5）中显著为正，与预期一致，在其他模型中则不显著。

表7.3 股权激励公告后相比其他阶段的收益平滑
（股权激励样本）

	(1) IS_1	(2) IS_2	(3) IS_3	(4) IS_4	(5) IS_5
After	0.0255 (0.06)	−0.537 (−1.40)	0.169*** (4.33)	−0.953*** (−2.74)	0.344 (0.74)
ROA	0.314 (1.17)	0.171 (1.01)	−0.0191 (−0.04)	0.480*** (3.13)	0.717** (2.38)
Loss	0.200*** (3.10)	0.262*** (5.29)	−0.197** (−1.98)	0.290*** (6.61)	0.378*** (5.42)
Small Earnings	−0.0620 (−1.59)	−0.0374 (−1.34)	0.0606** (2.03)	−0.0271 (−0.99)	−0.0243 (−0.53)
Sales Growth	0.000137*** (13.79)	0.000129*** (14.13)	−0.000320*** (−18.10)	0.000111*** (12.28)	0.0467*** (6.24)
BM	−0.139** (−2.50)	−0.226*** (−5.13)	0.243*** (3.29)	−0.261*** (−5.76)	−0.0779 (−1.12)
State	−0.0605** (−2.06)	−0.0379* (−1.69)	−0.0460* (−1.86)	−0.0658*** (−2.97)	−0.120*** (−3.40)
Leverage	0.0190 (0.29)	0.0885* (1.67)	−0.00666 (−0.04)	0.198*** (4.50)	0.0696 (1.01)
Size	0.0511*** (3.37)	0.0191 (1.51)	−0.00104 (−0.07)	−0.0252** (−2.16)	0.0298* (1.66)
Year	控制	控制	控制	控制	控制
_cons	−0.620* (−1.83)	0.138 (0.50)	0.675** (2.35)	1.061*** (4.05)	−0.262 (−0.64)
N	1088	1376	1151	1376	979
adj. R^2	0.081	0.092	0.064	0.131	0.118

注：括号中为根据 Huber-White 稳健性标准差计算的 t 统计量，* $p<0.10$，** $p<0.05$，*** $p<0.01$。

第七章 业绩型股权激励对收益平滑的影响研究

用时间虚拟变量 Before 代替 After, 回归结果如表 7.4 所示, 在回归模型 (3) 中, Before 的回归系数显著为负, 在其他模型中, Before 的回归系数显著为正, 与预期一致, 这表明在公告前的阶段, 激励公司的收益平滑程度较小。

表 7.4　　股权激励公告前相比其他阶段的收益平滑

（股权激励样本）

	(1) IS_1	(2) IS_2	(3) IS_3	(4) IS_4	(5) IS_5
Before	0.0535 ** (2.03)	0.0681 *** (2.94)	-0.139 *** (-3.32)	0.0969 *** (4.46)	0.0478 * (1.69)
ROA	0.184 (0.83)	0.0737 (0.46)	-0.0201 (-0.04)	0.415 *** (2.76)	0.741 *** (3.27)
Loss	0.191 *** (4.22)	0.232 *** (5.89)	-0.178 * (-1.79)	0.281 *** (8.15)	0.346 *** (7.59)
Small Earnings	-0.0549 ** (-2.32)	-0.0549 *** (-2.78)	0.0718 ** (2.43)	-0.0245 (-1.27)	0.0187 (0.78)
Sales Growth	0.000149 *** (15.28)	0.000133 *** (14.29)	-0.000305 *** (-17.14)	0.000113 *** (11.78)	0.0410 *** (4.54)
BM	-0.0394 (-0.96)	-0.133 *** (-3.88)	0.246 *** (3.37)	-0.166 *** (-4.98)	-0.0355 (-0.86)
State	-0.0406 ** (-2.18)	-0.0379 ** (-2.35)	-0.0405 (-1.59)	-0.0721 *** (-4.60)	-0.101 *** (-5.30)
Leverage	-0.105 * (-1.72)	-0.0117 (-0.22)	-0.00427 (-0.03)	0.105 ** (2.37)	-0.0333 (-0.61)
Size	0.0482 *** (4.83)	0.0307 *** (3.47)	0.000552 (0.04)	-0.00770 (-0.99)	0.00845 (0.94)
Year	控制	控制	控制	控制	控制
_cons	-0.594 *** (-2.74)	-0.173 (-0.88)	0.768 *** (2.61)	0.584 *** (3.34)	0.204 (1.01)

续表

	(1) IS_1	(2) IS_2	(3) IS_3	(4) IS_4	(5) IS_5
N	1088	1376	1151	1376	979
adj. R^2	0.071	0.079	0.052	0.111	0.103

注：括号中为根据 Huber–White 稳健性标准差计算的 t 统计量，$*p<0.10$，$**p<0.05$，$***p<0.01$。

二、股权激励实施前后收益平滑度变化的双重差分检验

由于度量收益平滑指标需要每个公司当前年度及前3年共4年的时间序列盈余数据，导致样本损失掉了上市不久就公告激励方案的这部分公司，最后保留了156个激励样本。

INC 的系数度量了在股权激励方案公告前激励公司与非激励公司在收益平滑上的差异。After 的系数则度量了相对同一时期的非激励公司与激励公司收益平滑程度在股权激励公告前后的变化。由于股权激励公司的高管对盈余进行平滑，激励方案公告后的收益平滑变化程度变高，本章预测 After 的系数在模型（3）中为正，在其他模型中为负。回归结果见表7.5。在五个回归模型中，INC 的系数均为负，显著性水平高于0.10，这意味着在激励方案公告之前的阶段，激励公司的收益平滑程度高于非激励公司。原因是，行权解锁条件往往以公告前一年的业绩为基准，为了降低行权解锁条件，避免公告前出现业绩超常的年份，激励公司会在方案公告前进行收益平滑，降低盈余的波动幅度。更重要的是，模型（3）中 After 系数为正，其他模型中 After 系数均为负，显著性水平均超过了0.05，这表明相比同一时期的非激励公司，激励公司在方案公告后收益平滑增加的程度更大，假设 H7.1 得到了验证。进一步分析，INC 和 After 的系数之和在模型（3）中为正，在其他模型中

第七章 业绩型股权激励对收益平滑的影响研究

为负，这意味着在方案公告之后的阶段，激励公司的收益平滑程度高于非激励公司。

表7.5　　股权激励公告后相比其他阶段的收益平滑

	(1) IS_1	(2) IS_2	(3) IS_5	(4) IS_3	(5) IS_4
INC	-0.0479*** (-3.53)	-0.0429*** (-4.08)	0.0357* (1.91)	-0.0329*** (-3.19)	-0.0317** (-2.06)
After	-1.015*** (-3.66)	-0.937*** (-3.49)	0.717** (2.01)	-0.895*** (-3.92)	-0.572** (-2.47)
ROA	0.000015*** (6.34)	0.000014*** (4.90)	-0.000037*** (-4.82)	0.000012*** (3.67)	-0.000018** (-2.04)
Loss	0.210*** (25.42)	0.249*** (39.14)	-0.223*** (-13.68)	0.218*** (36.58)	0.191*** (23.36)
Small Earnings	0.00464 (0.67)	0.00395 (0.67)	-0.0225** (-2.18)	0.0139** (2.44)	0.0195*** (2.76)
Sales Growth	0.0000024*** (13.67)	0.0000027*** (7.20)	-0.0000054*** (-3.22)	0.0000045*** (5.57)	0.0000044*** (6.83)
BM	-0.190*** (-16.91)	-0.203*** (-21.31)	0.334*** (17.35)	-0.288*** (-30.68)	-0.272*** (-23.29)
State	-0.0114* (-1.87)	-0.0279*** (-5.46)	0.0479*** (4.62)	-0.0386*** (-7.66)	-0.0268*** (-4.17)
Leverage	0.000337 (1.16)	0.000450 (1.28)	-0.00143 (-1.61)	0.000222 (0.55)	0.00480*** (3.37)
Size	0.00536* (1.85)	0.00282 (1.08)	0.0230*** (4.12)	-0.0148*** (-5.70)	-0.00145 (-0.48)
Year	控制	控制	控制	控制	控制
_cons	0.497*** (7.96)	0.525*** (9.20)	0.0180 (0.15)	0.957*** (16.99)	0.633*** (9.24)
N	11109	14886	11037	14886	9901
adj. R^2	0.087	0.123	0.080	0.157	0.121

注：括号中为根据 Huber-White 稳健性标准差计算的 t 统计量，* $p<0.10$，** $p<0.05$，*** $p<0.01$。

其他变量的回归系数与已有文献基本一致。在回归模型（3）中亏损公司（Loss）的系数显著为负，其他模型中均显著为正，说明亏损公司进行收益平滑程度较大。见表7.6。

表7.6　　　股权激励公告前相比其他阶段的收益平滑

	(1) IS_1	(2) IS_2	(3) IS_3	(4) IS_4	(5) IS_5
INC	-0.0478** (-2.32)	-0.0320** (-2.41)	0.0392 (1.44)	-0.0135 (-1.04)	-0.0151 (-0.63)
Before	1.036*** (4.45)	1.059*** (4.93)	-0.954*** (-3.35)	0.893*** (4.68)	0.500** (2.31)
ROA	0.287 (1.17)	0.294 (1.11)	-0.0396 (-0.11)	0.533* (1.89)	0.624** (2.22)
Loss	0.212*** (4.11)	0.244*** (4.78)	-0.227** (-2.25)	0.309*** (6.70)	0.309*** (5.91)
Small Earnings	-0.0315 (-1.24)	-0.0360 (-1.46)	0.0690** (2.37)	0.00221 (0.09)	0.0224 (0.89)
Sales Growth	0.00226 (0.14)	0.0198 (1.16)	-0.0648** (-2.52)	0.0500*** (4.31)	0.0369** (2.34)
BM	0.0642 (1.58)	0.0474 (1.28)	0.0477 (0.85)	-0.00146 (-0.04)	-0.0323 (-0.78)
State	-0.0492** (-2.53)	-0.0618*** (-3.35)	-0.0140 (-0.51)	-0.107*** (-6.03)	-0.102*** (-5.29)
Leverage	-0.274*** (-4.01)	-0.285*** (-4.36)	0.400*** (3.37)	-0.125* (-1.66)	-0.0996 (-1.23)
Size	0.0507*** (4.95)	0.0481*** (5.00)	-0.0156 (-1.31)	0.0156* (1.80)	0.0127 (1.31)
Year	控制	控制	控制	控制	控制
_cons	-0.517** (-2.30)	-0.512** (-2.45)	0.924*** (3.59)	0.0781 (0.43)	0.150 (0.73)

续表

	(1) IS_1	(2) IS_2	(3) IS_3	(4) IS_4	(5) IS_5
N	11109	14886	11037	14886	9901
adj. R^2	0.088	0.125	0.081	0.159	0.122

注：括号中为根据 Huber–White 稳健性标准差计算的 t 统计量，* $p<0.10$，** $p<0.05$，*** $p<0.01$。

与 After 相反，在双重差分检验中，Before 的系数则度量了从公告前到随后阶段激励公司与激励公司收益平滑度变化差异的负值。由于股权激励公司对盈余进行平滑，激励公司收益平滑变得更高，收益平滑度下降幅度更大，本研究预测模型（3）中 Before 的系数为负，其他模型中 Before 的系数均为正。回归结果见表 7.6，在回归模型中，INC 的系数均为负，显著性水平高于 0.01。回归结果初步显示，在激励方案公告后激励公司的收益平滑程度高于非激励公司。模型（3）中 Before 的系数显著为负，其他模型均为正，显著性水平均高于 0.05，与预期一致。这表明，相比同一时期的非激励公司，激励公司在方案公告后收益平滑度增加的幅度更大，假设 H7.1 得到了验证。

总的来说，由于股权激励公司的高管对盈余进行操纵，相比同一时期没有公布股权激励方案的公司，激励公司在方案公告后的盈余更加平滑。

三、稳健性检验

1. 剔除激励方案取消或终止的样本

如表 7.7 所示，由于各种原因，在股权激励方案公布后，部分激励公司的方案没有被股东大会通过，有些因为业绩没有达到行权解锁条件，有些则因为证券市场环境使得行权解锁时公司的股价远低于授予价格，导致行权解锁没有意义，便取消或终止了股权激励。截至2012年底，有136家上市公司取消或终止了股权激励计划。取消终止的时间越晚对研究结果的影响就越小。为了保证结果的稳健性，本章删除了激励方案取消或终止的样本公司，对表7.5和表7.6中模型重新进行了回归。

表7.7　　　　　　　　激励方案实施进度

实施进度	方案数	百分比（%）	实施进度	方案数	百分比（%）
取消	136	31.05	等待中	190	43.38
正在实施	112	56.62	总计	438	100

如表7.8所示，五个回归模型中有四个模型的INC系数显著为负，这表明在激励方案公告之前的阶段，激励公司的收益平滑程度高于非激励公司。第一个和第四个模型的After系数均为负，显著性水平为0.10，第三个模型中After的系数显著为正，与预期一致，这说明相比同一时期的非激励公司，激励公司在方案公告后收益平滑增加的幅度更大，前面回归结果的稳健性得到了保证。

表7.8　　　　股权激励公告后相比其他阶段的收益平滑
（剔除取消方案后的激励样本）

	(1) IS_1	(2) IS_2	(3) IS_3	(4) IS_4	(5) IS_5
INC	-0.0424 *** (-2.62)	-0.0409 *** (-3.09)	-0.000826 (-0.03)	-0.0323 ** (-2.45)	-0.0420 ** (-2.26)
After	-0.710 * (-1.68)	-0.409 (-0.98)	0.0992 *** (2.84)	-0.666 * (-1.77)	-0.352 (-0.99)
ROA	0.0000154 *** (6.36)	0.0000145 *** (4.91)	-0.0000369 *** (-4.82)	0.0000122 *** (3.68)	-0.0000177 ** (-2.04)

续表

	(1) IS$_1$	(2) IS$_2$	(3) IS$_3$	(4) IS$_4$	(5) IS$_5$
Loss	0.210*** (25.40)	0.248*** (38.82)	-0.222*** (-13.71)	0.219*** (36.41)	0.191*** (23.31)
Small Earnings	0.00576 (0.83)	0.00400 (0.68)	-0.0228** (-2.20)	0.0156*** (2.71)	0.0203*** (2.86)
Sales Growth	0.00000228*** (25.89)	0.00000256*** (9.29)	-0.00000517*** (-3.46)	0.00000444*** (6.01)	0.00000440*** (6.80)
BM	-0.189*** (-16.66)	-0.202*** (-20.96)	0.329*** (17.21)	-0.289*** (-30.37)	-0.273*** (-23.13)
State	-0.0112* (-1.82)	-0.0275*** (-5.31)	0.0445*** (4.27)	-0.0379*** (-7.41)	-0.0259*** (-3.99)
Leverage	0.000335 (1.15)	0.000449 (1.28)	-0.00144 (-1.62)	0.000219 (0.54)	0.00479*** (3.37)
Size	0.00482* (1.65)	0.00215 (0.81)	0.0243*** (4.34)	-0.0147*** (-5.61)	-0.00190 (-0.62)
Year	控制	控制	控制	控制	控制
_cons	0.509*** (8.10)	0.538*** (9.32)	-0.00631 (-0.05)	0.954*** (16.75)	0.644*** (9.36)
N	10642	14281	10526	14281	9486
adj. R^2	0.086	0.123	0.077	0.155	0.118

注：括号中为根据 Huber-White 稳健性标准差计算的 t 统计量，* $p<0.10$，** $p<0.05$，*** $p<0.01$。

本章剔除了取消方案的激励公司，重新对表 7.6 的结果进行回归。回归结果如表 7.9 所示，五个回归模型中前两个模型的 INC 的系数显著为负。模型（1）、模型（2）和模型（4）中 Before 的系数均为负，模型（3）中 Before 的系数显著为正，显著性水平超过了 0.10，与预期一致，前述回归结果的稳健性基本得到了保证。

表7.9　股权激励公告前相比其他阶段的收益平滑
（剔除取消方案后的激励样本）

	(1) IS_1	(2) IS_2	(3) IS_3	(4) IS_4	(5) IS_5
INC	-0.0432*	-0.0314*	0.00340	-0.0135	-0.0188
	(-1.90)	(-1.92)	(0.09)	(-0.83)	(-0.72)
Before	0.640*	0.530*	-0.796*	0.745***	0.332
	(1.93)	(1.70)	(-1.69)	(2.60)	(1.06)
ROA	0.695*	0.636	0.367	0.642*	0.794*
	(1.65)	(1.57)	(0.61)	(1.68)	(1.87)
Loss	0.235***	0.263***	-0.107	0.320***	0.304***
	(3.49)	(3.94)	(-0.90)	(5.35)	(4.52)
Small Earnings	0.0294	0.00115	0.0430	0.0616*	0.0951**
	(0.77)	(0.03)	(0.83)	(1.74)	(2.53)
Sales Growth	0.0104	0.0279	-0.0843***	0.0533***	0.0484***
	(0.59)	(1.50)	(-3.49)	(4.04)	(3.55)
BM	0.0851	0.0687	-0.00171	0.000900	-0.0419
	(1.49)	(1.31)	(-0.02)	(0.02)	(-0.72)
State	-0.0844***	-0.0886***	-0.0274	-0.113***	-0.110***
	(-3.17)	(-3.44)	(-0.64)	(-4.44)	(-3.95)
Leverage	-0.178*	-0.222**	0.488**	-0.0211	0.0680
	(-1.76)	(-2.24)	(2.34)	(-0.18)	(0.56)
Size	0.0291*	0.0218	-0.00920	0.00670	0.00103
	(1.88)	(1.48)	(-0.42)	(0.49)	(0.07)
Year	控制	控制	控制	控制	控制
_cons	-0.121	0.0152	0.765*	0.218	0.319
	(-0.37)	(0.05)	(1.69)	(0.77)	(1.04)
N	10642	14281	10526	14281	9486
adj. R^2	0.087	0.124	0.079	0.156	0.119

注：括号中为根据 Huber-White 稳健性标准差计算的 t 统计量，* $p<0.10$，** $p<0.05$，*** $p<0.01$。

2. 用操控性应计的绝对值度量收益平滑

参考已有文献采用操控性应计的绝对值来度量收益平滑,本章也采用了操控性应计的绝对值来度量收益平滑,操控性应计的估计采取了修正的琼斯模型。回归结果见表 7.10。回归模型第(1)列用流动性操控应计(DCA)的绝对值(ABSDCA)度量收益平滑,第(2)列和第(3)列用总操控性应计的绝对值(ABSDTA$_1$ 和 ABSDTA$_2$)来度量收益平滑,其中第(2)列和第(3)列分别用非经常性损益前利润和净利润减去经营现金流来计算总应计,相应的操控性应计分别为 DTA$_1$ 和 DTA$_2$。After 的回归系数显著为负,显著性水平高于 0.01,这意味着在激励方案公告之前的阶段,激励公司的收益平滑程度高于非激励公司,回归结论再次得到验证。在第(1)列中,INC 的回归系数显著为负,但第(2)列和第(3)列并不显著。经进一步检验,INC 与 After 系数之和为负,这再次证明在方案公告之后的阶段激励公司的收益平滑程度高于非激励公司。

总的来说稳健性检验进一步验证了本章的假设:由于股权激励公司高管对盈余进行操纵,相比同一时期没有公布股权激励方案的公司,激励公司公告后的收益平滑程度比公告前有一定的提高。

表 7.10 稳健性检验 2:股权激励与操控性应计的绝对值

	(1) ABSDCA	(2) ABSDTA$_1$	(3) ABSDTA$_2$
INC	0.00484 ** (2.14)	0.00257 (1.47)	0.00283 (1.61)
After	-0.00728 * (-1.92)	-0.00780 ** (-2.55)	-0.00714 ** (-2.33)
ROA	0.00000767 *** (9.42)	0.00000452 *** (9.34)	0.00000458 *** (9.31)

续表

	(1) ABSDCA	(2) ABSDTA$_1$	(3) ABSDTA$_2$
Small Earnings	-0.00866*** (-6.13)	-0.0124*** (-11.96)	-0.0129*** (-12.33)
Sales Growth	0.00000171*** (10.08)	0.00000140*** (24.49)	0.00000145*** (31.76)
BM	-0.0166*** (-5.95)	-0.0194*** (-9.09)	-0.0191*** (-8.90)
State	-0.00854*** (-6.29)	-0.00683*** (-6.49)	-0.00702*** (-6.61)
Leverage	0.0000880 (0.90)	0.000252*** (4.05)	0.000250*** (3.97)
Size	-0.00236*** (-3.44)	-0.00314*** (-5.97)	-0.00316*** (-5.87)
Year	控制	控制	控制
_cons	0.151*** (10.13)	0.145*** (12.66)	0.146*** (12.46)
N	15818	15818	15818
adj. R^2	0.017	0.035	0.036

注：括号中为根据 Huber-White 稳健性标准差计算的 t 统计量，* $p<0.10$，** $p<0.05$，*** $p<0.01$。

第四节 本章小结

已有文献认为，管理层薪酬与业绩挂钩、管理层持股以及股票期权会导致上市公司高管操纵盈余，以实现自利的目的。中国实施的业绩型股权激励采取"一次授予、分期行权或解锁"，每一个激励计划都包含了多个行权解锁期，每一行权解锁期都明确设置了业绩条件。相比传统的股权激励，业绩型股权激励在提高管理层激励强度的同时，更容易诱发管理层的机会主义行为。为了达到业绩条件，高管有很强的动机在整个激励有效期内进行双向的盈余管理，即收益平滑：当业绩低于行权解锁条件时，激励公司可能会向上进行盈余管理；当业绩高于行权解锁条件时，激励公司可能会向下进行盈余管理。本章用双重差分方法研究了公告前后股权激励公司收益平滑的变化，实证结果表明，与同一时期的非激励公司相比，股权激励方案公告后，激励公司的收益平滑程度上升。

随着中国上市公司逐渐进入了行权解锁阶段，如何防范管理层的收益平滑行为是监管机构和上市公司亟待解决的问题。比如，中国的激励公司可以借鉴英国业绩型股权激励采用相对绩效评估的方法，以同类型（peer）企业的股东总回报作为考核的基础，同类企业可以是公司选定的一些同行业的企业，也可以是综合指数或行业指数。相对绩效评估既能避免考核与会计指标挂钩诱发高管的盈余操纵，也能避免股权激励的授予和行权解锁受股市波动影响这一弊端。

本章对已有文献有两点贡献。第一，本章分析了业绩型股权激励与收益平滑之间的关系，丰富了薪酬契约与盈余操纵之间关系的研究。第二，国内已有文献多研究激励计划公告前高管的机会主义行为，本章则关注激励计划实施环节高管的收益平滑行为。尽管如此，研究仍存在一些不足，由于采用双差分的方法来检验相比控制样本，该方法的有效性取决于股权激励是不是外生的事件，而股权激励是公司自主选择的，并不是外生的，因此本章并不能完全消除选择性偏差带来的内生性问题。

第八章 研究结论及展望

本章是本书的结论。首先，在总结全书的基础上给出主要结论；其次，结合主要结论，对中国的股权激励设计提出政策建议；再次，总结研究的不足之处；最后，基于研究的不足，给出对未来研究方向的展望。

第一节 研究结论和政策建议

一、研究结论

按照最优契约理论的观点，股权激励合约的设计原则是将经理层和股东之间在利润共享和风险共担之间达到一个平衡，使经理层按照股东利益最大化的原则经营公司。不过受困于合约设计中的不完全信息和有限理性，在合约的执行过程中饱受机会主义的困扰。股权激励作为解决代理问题的制度创新，反而成为代理问题的结果。股权激励制度的有效性不仅取决于公司的整个治理架构，也取决于中国的整个制度环境。2005年12月31日，中国证监会发布《上市公司股权激励管理办法》（试行），迄今为止，中国的股权激励制度也走过了十余年。中国的股权激励制度是否起到了激励目的、发挥了有效性？还是受制于公司内外部治理结构的不完善，对管理层起不到激励作用，沦为管理层的福利工具？我们通过对上市公司及其高管的行为进行研究，以期为中国股权激励制度的有效性提供理论和实证支撑，为进一步完善股权激励提供政策建议。

本书从最优契约理论和管理者权力理论两个角度研究我国现行股权激励制度。从最优契约理论的角度，本书从利益协同激励和风险承担激励两个方面考察股权激励制度对公司风险承担、投资政策、财务政策以及公司经营集中度的影响，剖析股权激励所起到的正面激励效应，并有针对性地提出建议以期为监管部门下一步完善制度建议提供参考。从管理者权力理论的视角，本书分析了高管股权激励中的机会主义行为，主要包括股权激励中的盈余管理问题以及操纵财务会计政策的盈余管理问题，并就如何完善我国上市公司股权激励制度建设提出了参考意见。

主要研究结论如下：

1. 本书考察了股权激励对风险承担的影响。分别用高管财富—股票价格敏感性（Delta）和高管财富—股票收益波动率敏感性（Vega）来度量利益协同效应和风险承担效应，实证检验了股权激励与企业风险承担水平和政策选择之间的关系。研究结果表明，Vega 与公司风险承担水平、经营集中度和资产负债率显著正相关，Delta 与 R&D 投资显著正相关。进一步分析发现，激励公司的风险承担改善了资本配置效率，但是这种改善主要体现在民营企业而非国有企业中。

2. 本书考察了股权激励制度对盈余质量的影响。检验了股权激励是否诱发了高管的盈余操纵动机。中国于 2006 年推出业绩型股权激励制度，股票期权行权或限制性股票的解锁以高管完成规定的业绩门槛为条件，导致高管薪酬与会计业绩直接挂钩，但会计业绩在很大程度上又受会计行为的影响，因此，高管可能会通过会计业绩进行操纵来实现自身收益的最大化。再加上中国的业绩型股权激励采取多期行权或解锁的方式，使得高管有更强的动机操纵盈余，进而导致盈余质量的下降。本书用双差分方法研究了中国上市公司股权激励与盈余质量之间的关系，发现实施股权激励的公司盈余质量会下降，股权激励降低了上市公司盈余的信息含量和损失确认的及时性。

3. 本书考察了股权激励制度对资产减值准备的影响。研究了实施业绩型股权激励的公司在方案公告前通过大规模计提资产减值进行盈余操纵的行为。实证结果发现，在公告前一年或当年激励公司资产减值计提较高;资产减值变化有逆转的特性,且正资产减值变化逆转的速度更快,但在公告前一年或当年,为了降低基准年度的业绩,如果前一年度资产减值的增幅较大,激励公司会继续将资产减值的变化维持在一个较高的水平上,即正资产减值变化逆转的速度被减缓;管理层主要是通过流动资产减值而非长期资产减值进行盈余操纵。

4. 本书考察了股权激励制度对收益平滑的影响。相比传统的股权激励,业绩型股权激励在提高管理层激励强度的同时,更容易诱发管理层的机会主义行为。为了达到业绩条件,高管有很强的动机在整个激励有效期内进行双向的盈余管理,即收益平滑:当业绩低于行权解锁条件时,激励公司可能会向上进行盈余管理;当业绩高于行权解锁条件时,激励公司可能会向下进行盈余管理。本书用双重差分方法研究了公告前后股权激励公司收益平滑的变化,实证结果发现,与同一时期的非激励公司相比,股权激励方案公告后,激励公司的收益平滑程度上升。随着中国上市公司逐渐进入行权解锁阶段,如何防范管理层的收益平滑行为是监管机构和上市公司亟待解决的问题。比如,中国的激励公司可以借鉴英国业绩型股权激励采用相对绩效评估的方法,以同类型(Peer)企业的股东总回报作为考核的基础,同类企业可以是公司选定的一些同行业企业,也可以是同一综合指数或行业指数,这样既能避免考核与会计指标挂钩诱发高管的盈余操纵,也能避免股权激励的授予和行权解锁受股市波动影响这一弊端。

综上所述,本书研究了中国上市公司股权激励的有效性,虽然研究发现民营企业的股权激励起到了风险承担激励效应,也优化了企业的经营决策,并且最终促进了公司的投资效率,但是在股权激励的实施过程中还存在大量的机会主义行为。针对如何设置最优的股权激励合约仍旧是充满争议的,公司规模、公司风险、经理人的风险规避程度以及经理人的才能均会对股权激励合约设计造成影响，提供给经理人的股权激励方案需要在利益共享和风险承担之间达到一种平衡，而这种最优的结果受制于行业、公司、经理人个人特质的影响，每个最优的结果都是不确定的，因此股权激励合约是一种不完全合约。在薪酬设计时，有许多的不确定性和我们不能观察的因素存在，这种不完全的合约需要在后期留有缺口。但是由于股东难以监督经理人的行为，股东和董事会没有能力完全设定经理薪酬。同时，一些CEO也拥有自定薪酬的能力，会使自己获取更多的薪酬。这种留有余地的合约就会促使经理人的侵占行为，例如盈余操纵和信息操纵。因此，制定一个有效的股权激励合约是一个两难问题，与此同时，公司治理、薪酬合约、公司决策都是内生的，如果激励合约所耦合的整个制度环境、公司治理是无效的，股权激励就难以发挥有效性。虽然在股权激励的推行过程中存在诸多问题，但是发展股权激励、引进长效激励机制仍旧是下一步国企改革方向的重点，如何设计最优的薪酬激励合约是下一步研究重要领域。

二、政策建议

1. 完善上市公司高管股权激励制度，制定科学的股权激励方案。针对业绩考核标准，上市公司股权激励业绩考核条件设置太低会导致经理层不付出努力即可达到授予标准，尽管国务院国资委和财政部对国有企业的股权激励设置了更严格的标准，但是国有企业的股权激励更多的是高管的福利而不是激励，因此要对股权激励的业绩考核标准作出更严格的规定。针对业绩评价标准，目前我国股权激励的业绩标准几乎都是会计绩效指标，这导致了大量公司操纵会计利润的行为，并且单一的会计指标并不能完全反映企业经营的真实情况，因此，业绩评价指标应该综合考虑多种指标，将股价对应的市场绩效标准和经理层个人绩效评估纳入评价体系。此外,业绩评价标准还应该增加相对绩效评估指标,例如经行业调整的业绩均值作为参照系来制定评价体系以杜绝"运气薪酬"。针对股权激励的激励对象,我国上市公司现阶段股权激励的对象大多是公司管理层,主要包括董事长、总经理以及其他董事会成员,而且大多数的公司将绝大多数的股权授予了总经理,考虑到整个管理层团队的稳定性和留人的目的,可以适当增加其他高管的激励水平。

2. 完善上市公司的公司治理。完善上市公司的治理结构是发挥股权激励有效性的重要前提,股权激励作为公司内部治理的一种手段,要和整个公司治理结构结合在一起。现阶段我国国有上市公司治理仍存在所有人缺位、管理层权力过大、内部人控制等问题,而民营企业又存在大股东侵害中小股东利益的第二类代理问题,从而导致高管层股权方案在制定的过程中,由于管理层自定薪酬致使董事会很难发挥监督和约束的作用。因此建议上市公司落实股东大会作为公司最高权力机构的地位,调整公司的产权所有制改革,推行国有企业的混合所有制改革,形成股东主体多元化。同时,健全董事会制度,引入独立董事,使独立董事在公司经营决策中起到制衡作用,从而使公司决策科学化。

3. 完善上市公司的外部治理环境。首先,健全外部经理人市场。将公司的经营管理层从政府行政配置过渡到市场化配置,形成以声誉机制约束的职业经理人市场,经理人的激励,应该以市场导向和利润目标作为评价标准而不是行政任命。其次,完善法律制度。股权激励作为一种薪酬合约,最终还是需要客观公正的第三方来保证合约的履行,随着股权激励制度的逐步实施,股权激励的相关法规也需要不断完善,保证股权激励有法可依。最后,建立公平竞争的市场环境。我国的国有企业针对管理层激励尚不到位,难以对管理层进行真正的业绩考核,因此必须加快市场化改革,为股权激励的运行创造良好的市场环境。

4. 完善股权激励的信息披露制度。从本书的分析中可以看出，管理层通过操纵信息披露来操控股价，以获取较低的授予价格和较高的行权/解锁价格。因此，对实施股权激励的公司来说，应该严格遵守公司的信息披露制度。特别是在股权激励方案的公告日、股东大会日、授予日、行权/解锁日等重要的时间节点，上市公司都应该及时以临时公告的形式告知投资者，使公司的信息更加透明。公告中应该详细披露股权激励的具体内容，包括激励对象、激励数量、激励计划的公告日、授予日、可行权日、禁售期、有效期等事项，以及在随后的实际行权日或者未能及时行权而注销时，都应该及时以临时公告的形式予以披露。

第二节　进一步研究的方向

一、研究的不足

本书还存在一定的不足和问题：

1. 样本数量及观测时间较短。自 2005 年 12 月 31 日我国股权激励制度正式实施以来至 2014 年底，共有 568 家上市公司公告实施股权激励方案，但相对于中国 A 股全部上市公司而言，实施股权激励的样本公司仍较少，在做股权激励和非股权激励公司的对比分析时，可能会存在样本选择的偏误。尽管本书在回归的过程中使用了配对的方法，为每一个实施股权激励方案的公司寻找一个或几个控制样本，然后综合利用控制样本和观测样本对比分析，但是仍旧在样本选择上存在一定的不足。

2. 股权激励和公司绩效的直接因果关系尚未进行研究，由于先前的研究中股权激励和公司绩效的研究结果大相径庭，而且公司治理因素和公司绩效之间存在内生性，因此本书没有直接研究股权激励和公司绩效之间的关系。本书的研究逻辑是通过股权激励——公司行为（投资政策、财务政策、操纵利润、操纵信息披露）——公司绩效的思路来分析股权激励的有效性，将管理层的行为作为股权激励影响公司绩效的路径机制，这样虽然可以在一定程度上规避内生性，并为股权激励的有效性提供经验支持，但是尚未在股权激励和公司绩效的研究上作出一定的探索，例如将会计利润和市场回报相结合，将短期业绩和长期业绩相结合等。

二、未来的展望

1. 从行为金融视角研究股权激励合约。如果在股权激励引进后，投资决策、财务政策更科学合理，减少了委托代理问题，则认为股权激励是有效的。如果在股权激励引进后，引发了更多的高管机会主义行为，则认为股权激励成为高管牟利的工具而非有效的。不管股权激励是否有效，都会通过公司行为最终反映在公司绩效上。此外还可以从期权授予人个体的角度来分析激励是否有效。行为金融学里的禀赋效应（Endowment Effect）认为，个人更看重失去而不愿意去冒险，减少损失比获取更多的收益更加重要（Hneman and Tyersky, 1979）。对于失去的规避导致了风险偏好的逆转，个人即便在会获取正收益的时候也会规避风险。使用期权定价模型所计算出来的期权价值是客观价值（Objective Valuation），而持有人自我认知的期权价值是主观价值（Subjective Valuation），由于禀赋效应的存在，持有人会高估期权的价值，因此选择合适的风险偏好和时间偏好是决定股权激励是否有效的重要标志。从禀赋效应的角度分析期权价值是对本书的重要补充。

2. 晋升激励和股权激励的替代效应与互补效应。对国有企业的高管来说，激励主要来自两个方面：一个是晋升激励，另一个是包括现金薪酬、股权激励和在职消费等在内的经济激励。对于不同级别的国企高管来说,针对晋升激励和经济激励的偏好是不同的,他们之间的关系是替代效应还是互补效应是一个值得研究的问题。贝克、吉本斯和墨菲(Baker、Gibbons and Murphy,1987)指出,不同于薪酬激励这种显性契约(Explicit Contract),晋升激励是一种隐性契约(Implicit Contract),两种契约关系之间存在替代效应。当有较高的可能性获得晋升的时候,CEO薪酬—绩效的敏感性比较弱。而另外一种观点认为晋升和股权激励存在互补效应。比查克和弗里德(Bebchuk and Fried,2004)认为由于董事会被高管俘获,授予高管期权本身就是代理问题的一部分。而管理者权力大的CEO更有可能获得晋升机会,使得晋升和股权激励之间可能存在互补效应。进一步研究发现,可以将管理者权力进行分类,研究不同管理者权力下晋升激励和股权激励之间的关系,以及将晋升激励、股权激励作为一个激励的整体,更全面地分析国有企业高管的激励问题。

参 考 文 献

[1] 步丹璐,叶建明.《资产减值》的经济后果——基于新旧会计准则比较的视角 [J]. 中国会计评论, 2009, 7 (3): 315 – 328.

[2] 陈旭东,杨文冬,黄登仕. 企业生命周期改进了应计模型吗?基于中国上市公司的实证检验 [J]. 会计研究, 2008 (7): 56 – 64.

[3] 代冰彬,陆正飞,张然. 资产减值:稳健性还是盈余管理 [J]. 会计研究, 2007 (12): 35 – 42.

[4] 戴德明,毛新述,邓璠. 中国亏损上市公司资产减值准备计提行为研究 [J]. 财经研究, 2005, 31 (7): 71 – 82.

[5] 方军雄. 我国上市公司高管的薪酬存在黏性吗 [J]. 经济研究, 2009 (3): 110 – 123.

[6] 高雷,宋顺林. 高管人员持股与企业绩效——基于上市公司年面板数据的经验证据 [J]. 财经研究, 2007 (3): 134 – 143.

[7] 洪正,申宇,吴玮. 高管薪酬激励能引起过度冒险吗?来自银行房地产信贷的证据 [J]. 经济学季刊, 2014 (4): 1585 – 1615.

[8] 胡阳,刘志远,任美琴. 设计有效的经营者持股激励机制——基于中国上市公司的实证研究 [J]. 南开管理评论, 2006 (5): 52 – 58.

[9] 李维安,张国萍. 经理层治理评价指数与相关绩效的实证研究——基于中国上市公司治理评价的研究 [J]. 经济研究, 2005 (11): 87 - 98.

[10] 李小荣,张瑞君. 股权激励影响风险承担:代理成本还是风险规避 [J]. 会计研究, 2014 (1): 57 - 63.

[11] 李扬,田益祥. 微利上市公司资产减值准备计提实证研究 [J]. 管理评论, 2007, 19 (2): 33 - 39.

[12] 李增泉. 激励机制与企业绩效:一项基于上市公司的实证研究 [J]. 会计研究, 2000 (1): 24 - 30.

[13] 刘国亮,王家胜. 上市公司股权结构、激励制度及绩效的实证研究 [J]. 经济理论与经济管理, 2000 (5): 40 - 45.

[14] 罗进辉,万迪昉,李超. 资产减值准备净计提、盈余管理与公司治理结构——来自2004 - 2008 年中国制造业上市公司的经验证据 [J]. 中国会计评论, 2010, 8 (2): 179 - 200.

[15] 吕长江,严明珠,郑慧莲,许静静. 为什么上市公司选择股权激励计划 [J]. 会计研究, 2011 (1): 68 - 75.

[16] 吕长江,郑慧莲,严明珠,许静静. 上市公司股权激励制度设计:是激励,还是福利 [J]. 管理世界, 2009 (9): 133 - 147.

[17] 苏冬蔚,林大庞. 股权激励、盈余管理与公司治理 [J]. 经济研究, 2010 (11): 88 - 100.

[18] 苏坤. 管理层股权激励、风险承担与资本配置效率 [J]. 管理科学, 2015 (5): 14 - 25.

[19] 王建新. 公司治理结构、盈余管理动机与长期资产减值转回——来自我国上市公司的经验证据 [J]. 会计研究, 2007 (5): 60 - 66.

[20] 王克敏,戴思聪,戴杏云. 高管股票股权行权定价基准日前后公司信息披露行为研究——来自中国上市公司的证据

[R]. 复旦大学工作论文，2011.

[21] 王克敏，王志超. 高管控制权、报酬与盈余管理——基于中国上市公司的实证研究 [J]. 管理世界，2007 (7)：111-119.

[22] 王烨，叶玲，盛明泉. 管理层权力、机会主义动机与股权激励计划设计 [J]. 会计研究，2010，36 (10)：35-41.

[23] 吴育辉，吴世农. 企业高管自利行为及其影响因素研究——基于我国上市公司股权激励草案的证据 [J]. 管理世界，2010 (5)：141-149.

[24] 肖淑芳，张超. 上市公司股权激励、行权价操纵与送转股 [J]. 管理科学，2009 (6)：84-94.

[25] 肖淑芳，张晨宇，张超，轩然. 股权激励计划公告前的盈余管理：来自中国上市公司的经验证据 [J]. 南开管理评论，2009 (4)：113-127.

[26] 肖星. 陈婵. 激励水平、约束机制与上市公司股权激励计划 [J]. 南开管理评论，2013，16 (1)：24-32.

[27] 谢仁德，陈运森. 业绩型股权激励、行权业绩条件与股东财富增长 [J]. 金融研究，2010 (12)：99-114.

[28] 辛宇，吕长江. 激励、福利还是奖励：薪酬管制背景下国有企业股权激励的定位困境——基于泸州老窖的案例分析 [J]. 会计研究，2012 (6)：67-75.

[29] 徐二明，王智慧. 中国上市公司治理结构与战略绩效的相关性研究 [J]. 南开管理评论，2000 (4)：4-14.

[30] 许承明，濮卫东. 内部人持股与上市公司绩效研究 [J]. 数量经济技术经济研究，2003 (11)：123-126.

[31] 杨瑞龙，聂辉华. 不完全契约理论：一个综述 [J]. 经济研究，2006 (2)：104-115.

[32] 于东智. 董事会、公司治理与绩效对我国上市公司的经

验分析 [J]. 中国社会科学, 2003 (3): 29-44.

[33] 余明桂, 李文贵, 潘红波. 管理者过度自信与企业风险承担 [J]. 金融研究, 2013 (1): 149-163.

[34] 余明桂, 李文贵, 潘红波. 民营化、产权保护与企业风险承担 [J]. 经济研究, 2013 (9): 112-124.

[35] 张海平, 吕长江. 上市公司股权激励与会计政策选择: 基于资产减值会计的分析 [J]. 财经研究, 2011, (7): 60-70.

[36] 张瑞君, 李小荣, 许年行. 货币薪酬能激励高管承担风险吗 [J]. 经济理论与经济管理, 2013 (8): 84-100.

[37] 张兆国, 刘晓霞, 邢道勇. 公司治理结构与盈余管理——来自中国上市公司的经验证据 [J]. 中国软科学, 2009 (1): 122-133.

[38] 陈清泰, 吴敬琏. 美国企业的股票期权计划 [M]. 北京: 中国财政经济出版社, 2001.

[39] 卢锐. 管理层权力、薪酬激励与绩效——基于中国证券市场的理论与实证研究 [M]. 北京: 经济科学出版社, 2008.

[40] 吕长江, 赵宇恒. 国有企业高层管理者激励效应研究——基于管理者权力的解释 [J]. 管理世界. 2009 (9): 133-147.

[41] 罗富碧, 冉茂盛, 杜家廷. 高管人员股权激励与投资决策关系的实证研究 [J]. 会计研究, 2008 (8): 69-95.

[42] 魏刚. 高级管理层激励与上市公司经营绩效 [J]. 经济研究, 2000 (3): 32-39.

[43] 李维安, 张国萍. 经理层治理评价指数与相关绩效的实证研究——基于中国上市公司治理评价的研究 [J]. 经济研究, 2005 (11): 87-98.

[44] 李维安, 刘绪光, 陈靖涵. 经理才能、公司治理与契约参照点——中国上市公司高管薪酬决定因素的理论与实证分析

[J]. 南开管理评论, 2010 (2): 4-15.

[45] 李维安, 牛建波. 中国上市公司经理层治理评价与实证研究 [J]. 中国工业经济, 2004 (1): 57-64.

[46] 卢锐, 魏明海. 管理层权力、在职消费与产权效率——来自中国上市公司的证据 [J]. 南开管理评论, 2008 (11): 85-92.

[47] Aboody D., R. Kasznik. CEO stock option awards and the timing of corporate voluntary disclosures [J]. Journal of Accounting and Economics, 2000, 29 (1): 73-100.

[48] Acemoglu, Daron, Fabrizio Zilibotti. Was Prometheus Unboundby Chance? Risk, Diversification and Growth [J]. Journal of Political Economy, 1997, 105 (4): 709-751.

[49] Aggarwal, R., Samwick, A. The other side of the tradeoff: the impact of risk on executive compensation [J]. Journal of Political Economy, 1999, 107: 65-105.

[50] Ahmed A. S., B. Billings, M. S. Harris, R. M. Morton. The Role of Accounting Conservatism in Mitigating Bondholder - shareholder Conflicts Over Dividend Policy and in Reducing Debt Costs [J]. The Accounting Review, 2002, 77 (4): 867-890.

[51] Ali, Ashiq, Tai - Yuan Chen, Suresh Radhakrishnan. Corporate Disclosures by Family Firms [J]. Journal of Accounting and Economics, 2007, 44: 238-286.

[52] Allen E J, Larson C R, Sloan R G. Accrual Reversals, Earnings and Stock Returns [J]. Journal of Accounting and Economics, 2013, 56 (1): 113-129.

[53] Altman, E. Financial ratios. Discriminant analysis, and the prediction of corporate bankruptcy [J]. Journal of Finance, 1968, 23: 589-609.

[54] Anderson, R., Bates, T., Bizjak, J., Lemmon, M. Corporate governance and firm diversification [J]. Financial Management, 2002, (9): 5-22.

[55] Armstrong, C. S., Vashishtha, R. Executive stock options, differential risk-taking incentives, and firm value [J]. Journal of Financial Economics, 2012, 104: 70-88.

[56] Ahgion, Philippe, Patrick Bolton. An Incomplete Contracts Approach to Financial Contracting [J]. Review of Economic Studies, 1992, 59: 473-494.

[57] Alchian, Armen A, Harold Demsetz. Production, Information Costs and Economic Information [J]. American Economic Review, 1972, 62 (5): 777-795.

[58] Altman, E. Financial Ratios. Discriminate Analysis and the Prediction of Corporate Bankruptcy [J]. Journal of Finance, 1968, 23: 588-610.

[59] Baker T, Collins D, Reitenga A. Stock Option Compensation and Earnings Management Incentives [J]. Journal of Accounting, Auditing and Finance, 2003, 18 (4): 556-582.

[60] Baker, G., Jorgensen, B. Volatility, noise, and incentives [R]. Harvard University and Columbia University. Working paper, 2003.

[61] Ball, R., L. Shivakumar. Earnings Quality in UK Private firms: Comparative Loss Recognition Timeliness [J]. Journal of Accounting and Economics, 2005, 39: 83-128.

[62] Balsam S, Chen H, Sankaraguruswamy S. Earnings Management Prior to Stock Option Grants [R]. Working Paper, 2003.

[63] Barclay, M., Morellec, E, Smith Jr., C. On the debt capacity of growth options [J]. Journal of Business, 2003, Forth-

coming.

[64] Barth, M. E., W. R. Landsman, M. H. Lang. International Accounting Standards and Accounting Quality [J]. Journal of Accounting Research, 2008, 46: 467 - 498.

[65] Bartov E, P. Mohanram. Private Information, Earnings Manipulations, and Executive Stock Option Exercises [J]. The Accounting Review, 2004, 79 (4): 889 - 920.

[66] Basu, S. The Conservatism Principle and Asymmetric Timeliness of Earnings. Journal of Accounting & Economics [J]. 1997, 24: 3 - 37.

[67] Beatty A, J. Webe. Accounting Discretion in Fair Value Estimates: An Examination of SFAS 142 Goodwill Impairments. Journal of Accounting Research [J]. 2006, 44 (2): 257 - 288.

[68] Bebchuk, L. A., Cohen, A., Ferrell, A.. What Matters in Corporate Governance? Review of Financial Studies [J]. 2009, 22 (2): 783 - 827.

[69] Bebchuk L.A, Jesse M. Fried. Pay without performance——the unfulfilled promise of executive compensation [M]. Harvard University Press, 2004.

[70] Bebchuk, L.A, Jesse M. Fried. Executive Compensation as an Agency Problem [J]. Journal of Economic Perspectives, 2003, 17: 71 - 92.

[71] Bebchuk, L. A., J. M. Fried, D. I. Walker. Managerial Power and Rent Extraction in the Design of Executive Compensation [J]. University of Chicago Law Review, 2002, 69: 751 - 846.

[72] Berger, P., Ofek, E.. Causes and effects of corporate refocusing programs [J]. Review of Financial Studies, 1999, 12: 311 - 345.

[73] Berger, P., Ofek, E., Yermack, D. Managerial entrenchment and capital structure decisions [J]. Journal of Finance, 1997, 52: 1411-1438.

[74] Bergstresser D, Philippon T. CEO Incentives and Earnings Management [J]. Journal of Financial Economics [J], 2006, 80 (3): 511-529.

[75] Bertrand, M., S. Mullainathan. Are CEOs Rewarded for Luck? The Ones without Principals Are [J]. Quarterly Journal of Economics, 2001, 116: 901-932.

[76] Bettis J C, Bizjak J M, Coles J L, Kalpathy S L. Stock and Option Grants with Performance-Based Vesting Provisions [J]. Review of Financial Studies, 2010, 23 (10): 3849-3888.

[77] Bill Francis, Iftekhar Hasan, Qiang Wu. The Benefits of Conservative Accounting to Shareholders: Evidence from the Financial Crisis [J]. Accounting Horizons, 2013, 27 (2): 319-346.

[78] Black, F., Scholes, M. The pricing of options and corporate liabilities [J]. Journal of Political Economy, 1973, (3): 637-654.

[79] Brenner, M., R. Sundaram, D. Yermack. Altering the Terms of Executive Stock Options [J]. Journal of Financial Economics, 2000, 57: 103-128.

[80] Brown J. R., N., Liang, S. J. Weisbenner. Executive Fi2nancial Incentives and Payout Policy Firm Responses to the 2003 Dividend Tax Cut [J]. Journal of Finance, 2007, 62 (4): 1935-1965.

[81] Burns K.. The impact of performance based compensation on misreporting [J]. Journal of Financial Economics, 2006, 79 (1): 35-67.

[82] Bushman R, Smith A, Zhang F. Investment Cash Flow Sensitivities Really Reflect Related Investment Decisions [R]. Working Paper, University of North Carolina, 2011.

[83] Callaghan, S., P. Saly, C. Subramaniam. The Timing of Option Repricing [J]. Journal of Finance, 2004, 59: 1651 – 1676.

[84] CalPERS, 2003, Investment Committee Agenda, Sacramento [M], CA.

[85] Chan, L., Chen, K., Chen, T. The Effects of Firm – initiated Clawback Provisions on Earnings Quality and Auditor Behavior [J]. Journal of Accounting and Economics, 2012, 54 (2): 197 – 200.

[86] Chao, Chia – Ling, Shwu – Min Horng. Asset Write – Offs Discretion and Accruals Management in Taiwan: The Role of Corporate Governance [J]. Review of Quantitative Finance and Accounting, 2013, 40 (1): 41 – 74.

[87] Chauvin, K., C. Shenoy. Stock Price Decreases Prior to Executive Stock Option Grants [J]. Journal of Corporate Finance, 2001, 7: 53 – 76.

[88] Chava, Sudheer, Amiyatosh Purnanandam. CEOs versus CFOs: Incentives and corporate policies [J]. Journal of Financial Economics, 2010, 97: 263 – 278.

[89] Chen, C. J., S. Chen, X. Su, Y. Wang. Incentives for and Consequences of Initial Voluntary Asset Write – downs in the Emerging Chinese Market [J]. Journal of International Accounting Research, 2004, 3 (1): 43 – 61.

[90] Cheng Q, Warfield T D. Equity Incentives and Earnings Management [J]. The Accounting Review, 2005, 80 (2): 441 – 476.

[91] Cheng, Qiang, Terry D. Warfield. Equity Incentives and Earnings Management [J]. The Accounting Review, 2005, 80 (2): 441-476.

[92] Cohen, R., Hall, B, Viceira, L. Do executive stock options encourage risk-taking [R]. Working Paper. Harvard Business School, 2000.

[93] Coles J. L., M., Hertzel, S., Kalpathy. Earnings Management around Employee Stock Option Reissues [J]. Journal of Accounting and Economics, 2006, 41 (122): 173-200.

[94] Coles, J. L., Daniel, N. D., Naveen, L. Managerial incentives and risk-taking [J]. Journal of Financial Economics, 2006, 79: 431-468.

[95] Coles, Jeffrey L., Michael Hertzel, Swaminathan Kalpathy. Earnings Management Around Employee Stock Option Reissues [J]. Journal of Accounting and Economics, 2006, (41): 173-200.

[96] Collins, D., G. Gong, H. Li. The Timing of CEO Stock Option Grants: Scheduled Versus Unscheduled Awards [R]. Working paper, University of Iowa, 2005.

[97] Core, J., W. Guay. The Use of Equity Grants to Manage Optimal Equity Incentive Levels [J]. Journal of Accounting and Economics, 1999, 28: 151-184.

[98] Core, J. E., Guay, W. R.. Estimating the value of employee stock option portfolios and their sensitivities to price and volatility [J]. Journal of Accounting Research, 2002, 40: 613-630.

[99] Coase, R. H. The nature of the firm [J]. Economica, 1937, 4: 386-405.

[100] Crichfield, T. An Evaluation of Security Analysts' Fore-

casts [J]. The Accounting Review, 1978 3 (3): 651 -668.

[101] Daniel Bergstresser, Thomas Philippon. CEO Incentives and Earnings Management [J]. Journal of Financial Economics, 2006, 80 (3): 511 -529.

[102] De Bondt, Werner F. M, Richard M. Thaler. Do Security Analysts Overreact [J]. American Economic Review, 1990, 80: 52 - 57.

[103] Dechow P M, Dichev I D. The Quality of Accruals and Earnings: The Role of Accrual Estimation Errors [J]. The Accounting Review, 2002, 77 (1): 35 -59.

[104] Dechow P M, Hutton A P, Kim J H, Loan, R G. Detecting earnings management: A New Approach [J]. Journal of Accounting Research, 2012, 50 (2): 275 -334.

[105] Dechow P M, Sloan R G, Sweeney A P. Detecting Earnings Management [J]. The Accounting Review, 1995, 70 (2): 193 -225.

[106] Dechow, P., A. Hutton, R. Sloan. Economic Consequences of Accounting for Stock - Based Compensation [J]. Journal of Accounting Research, 1996, 34: 1 -20.

[107] Dechow, Patricia, Weili Ge, Catherine Schrand. Understanding earnings quality - A review of the proxies, their determinants and their consequences [J]. Journal of Accounting and Economics, 2010, 50 (3): 344 -401.

[108] DeFond, M L, Jiambalvo J. Debt covenant violation and manipulation of accruals [J]. Journal of Accounting and Economics, 1994, 17 (1): 145 -176.

[109] DeFusco, R., Johnson, R., Zorn, T. The effect of executive stock option plans on stockholders and bondholders [J]. Jour-

nal of Finance, 1990, 45: 617 - 627.

[110] Dehaan, Ed, Frank Hodge, Terry Shevlin. Does Voluntary Adoption of a Clawback Provision Improve Financial Reporting Quality [J]. Contemporary Accounting Research, 2013, 20 (10): 1 - 37.

[111] Demsetz, H., K. Lehn. The Structure of Corporate Ownership: Causes and Consequences [J]. Journal of Political Economy, 1985, 93 (6): 1155 - 1177.

[112] Dickinson V. Cash Flow Patterns as a Proxy for Firm Life Cycle. The Accounting Review [J]. 2011, 86 (6): 1969 - 1994.

[113] Dietrich, J., K. Muller, E. Riedl. Asymmetric Timeliness Tests of Accounting Conservatism [J]. Review of Accounting Studies, 2007, 12: 95 - 125.

[114] Efendi S. Why do corporate manager misstate financial statements? The role of option compensation and other factors [J]. Journal of Financial Economics, 2007, 85 (3): 667 - 708.

[115] Elliott, J. A., W. H. Shaw. Write - offs as Accounting Procedures to Manage Perceptions [J]. Journal of Accounting Research, 1988, 26: 91 - 119.

[116] Fan J., T. J. Wong. Corporate Ownership Structure and the Informativeness of Accounting Earnings in East Asia [J]. Journal of Accounting & Economics, 2002, 33: 25 - 401.

[117] Fama, E. F. Agency problems and the theory of the firm [J]. Journal of Political Economy, 1980, 88: 134 - 145.

[118] Fama, E., Jensen, M. Agency problems and residuals claims [J]. Journal of Law and Economics, 1983, 26: 327 - 349.

[119] Fama, E., Jensen, M. Separation of ownership and control [J]. Journal of Law and Economics, 1983, 26: 301 - 325.

[120] Fenna, George W. Nellie Liang. Corporate payout policy and managerial stock incentives [J]. Journal of Financial Economics, 2001, 60 (1): 45 – 72.

[121] Firth M., M. Y. Fung, M. Rui. Corporate Performance and CEO Compensation in China [J]. Journal of Corporate Finance, 2006, (12): 693 – 714.

[122] Francis, J., J. D. Hanna, L. Vicent. Causes and Effects of Discretionary Asset Write – offs [J]. Journal of Accounting Research, 1996, 34 (Supplement): 91 – 114.

[123] Fried D., D. Givoly. Financial Analysts' Forecasts of Earnings: A Better Surrogate for Market Expectations [J]. Journal of Accounting and Economics, 1982, 4 (2): 85 – 107.

[124] Garcia Lara J. B. Garcia Osama, F. Penalva. Accounting Conservatism and Corporate Governance [J]. Review of Accounting Studies, 2009, 14: 161 – 201.

[125] Gaver J. J., Kenneth M Gaver, Jeffrey R Austin. Additional Evidence on Bonus Plans and Income Management [J]. Journal of Accounting and Economics, 1995, (19): 3 – 28.

[126] Gerakos, J., C. Ittner, D. Larcker. The structure of performance – vested stock option grants [J]. Essays on Accounting Theory in Honor, 2007: 227 – 249.

[127] Guay, W. R. The sensitivity of CEO wealth to equity risk: an analysis of the magnitude and determinants [J]. Journal of Financial Economics, 1999, 53: 43 – 71.

[128] Guidry F, A Leone, S Rock. Earnings – based Bonus Plans and Earnings Management by Business Unit Managers [J]. Journal of Accounting and Economics, 1999, 26: 113 – 142.

[129] John K., Litov L., Yeung B. Corporate Governance and

Risk Taking [J]. Journal of Finance, 2008, 63 (4): 1679 – 1728.

[130] Hall B., K. Murphy. Optimal Exercise Prices for Executive Stock Options [J]. American Economic Review, 2002, 90: 209 – 214.

[131] Hall B., Liebman, J. Are CEOs really paid like bureaucrats [J]. Quarterly Journal of Economics, 1998, 113: 653 – 691.

[132] Haugen, R., L. Senbet. Resolving the Agency Problems of External Capital through Options [J]. Journal of Finance, 1981, 36: 629 – 648.

[133] Hart, Olive, John Moore. Property rights and the nature of the firm [J]. Journal of Political Economy, 1990, 98: 1119 – 1158.

[134] Hart, Oliver, John More. Debt and seniority: An analysis of the role of hard claims in constricting management [J]. American Economic Review, 1995, 85: 567 – 585.

[135] Hart, Oliver, Andrei Shleife, Robert Vishny. The proper scope of government: Theory and an application to prisons [J]. Quarterly Journal of Economics, 1997, 112 (4): 1127 – 1161.

[136] Hart, Oliver. Firms, Contracts, and Financial Structure [M]. Oxford University Press, London, 1995.

[137] Healy P M. The Effect of Bonus Schemes on the Selection of Accounting Principles [J]. Journal of Accounting and Economics, 1985, 7 (3): 85 – 107.

[138] Hemmer T., O. Kim, R. Verrecchia. Introducing Convexity into Optimal Compensation Contracts [J]. Journal of Accounting and Economics. 1999, 28: 307 – 327.

[139] Heron R., E. Lie. Does Backdating Explain Stock Price Pattern Around Executive Stock Option Grants [J]. Journal of Financial Economics, 2007, 83: 271 – 296.

[140] Holthausen R. W., David F. Larcker, Ridhard G. Sloan. Annual Bonus Schemes and the Manipulation of Earnings [J]. Journal of Accounting and Economics, 1995, 19: 29 – 74.

[141] Hribar P, Collins D W. Errors in Estimating Accruals: Implications for Empirical Research [J]. Journal of Accounting Research, 2002, 40 (1): 105 – 134.

[142] Huddart, S. Lang, M. Information Distribution within Firms: Evidence from Stock Option Exercises [J]. Journal of Accounting & Economics, 2003, 34 (1 – 3): 3 – 31.

[143] Hui, Kai Wai, Sandy Klasa, P. Eric Yeung. Corporate Suppliers and Customers and Accounting Conservatism [J]. Journal of Accounting and Economics, 2012, 53 (1 – 2): 115 – 135.

[144] Jensen M., Meckling, W. Theory of the firm: managerial behavior, agency costs, and ownership structure [J]. Journal of Financial Economics, 1976, 3: 305 – 360.

[145] Jensen M, Murphy, K. Performance pay and top – management incentives [J]. Journal of Political Economy, 1990, 98: 225 – 264.

[146] John T., John, K. Top – management compensation and capital structure [J]. Journal of Finance, 1993, 48: 949 – 974.

[147] Johnson S, Tian Y. The Value and Incentive Effects of Nontraditional Executive Stock Option Plans [J]. Journal of Financial Economics, 2000, 57 (1): 3 – 34.

[148] Jones J. Earnings Management during Import Relief Investigations [J]. Journal of Accounting Research, 1991, 29 (2): 193 – 228.

[149] Jones J. Earnings management during import relief investigations [J]. Journal of Accounting Research, 1991, 29: 193 – 228.

[150] Jung K., Kim, Y., Stulz, R. Timing, investment opportunities, managerial discretion and thesecurity issue decision [J]. Journal of Financial Economics, 1996, 42: 159 - 185.

[151] Khan M. R. L. Watts. Estimation and Empirical Properties of a Firm - Year Measure of Accounting Conservatism [J]. Journal of Accounting and Economics, 2009, 48: 132 - 150.

[152] Kothari S P, Leone A J, Wasley C E. Performance Matched Discretionary Accrual Measures [J]. Journal of accounting and economics, 2005, 39 (1): 163 - 197.

[153] Kothari, S., Laguerre, T., Leone, A.. Capitalization versus expensing: evidence on the uncertainty of future earnings from capital expenditures versus R&D outlays [R]. Working paper, MIT, 2001.

[154] Kuang Y F. Performance - vested Stock Options and Earnings Management [J]. Journal of Business Finance. 2008, 35 (9 - 10): 1049 - 1078.

[155] Kwon S. S., Q. J. Yin. Executive Compensation, Investment Opportunities, and Earnings Management High - Tech versus Low - Tech Firm [J]. Journal of Accounting, Auditing & Finance, 2006, 21 (2): 119 - 148.

[156] Lambert, R, Larcker, D., Verrecchia, R. Portfolio considerations in valuing executive compensation [J]. Journal of Accounting Research, 1991, 29: 129 - 149.

[157] Lambert, Richard A., William N. Lanen, David F. Larcker. Executive Stock Option Plans and Corporate Dividend Policy [J]. Journal of Financial and Quantitative Analysis, 1989, 24: 409 - 425.

[158] Lawrence Alastair, Richard Sloan, Yuan Sun. Non - dis-

cretionary conservatism: Evidence and implications [J]. Journal of Accounting and Economics, 2013, 56 (2-3): 112-133.

[159] Leuz, Christian, Dhananjay Nandab, Peter D. Wysockic. Earnings Management and Investor Protection: An International Comparison [J]. Journal of Financial Economics, 2003, 69 (3): 505-527.

[160] Lewellen, K. Financing decisions when managers are risk-averse [J]. Journal of Financial Economics, 2006, 82: 551-589.

[161] Li, Zining, Pervin K. Shroff, Ramgopal Venkataraman, Ivy Xiying Zhang. Causes and Consequences of Goodwill Impairment Losses [J]. Review of Accounting Studies, 2011, 16 (4): 745-778.

[162] Lie E. On the Timing of CEO Stock Option Awards [J]. Management Science, 2005, 51 (5): 802-812.

[163] Lie, Erik. Operating Performance Following Open Market Share Repurchase Announcements [J]. Journal of Accounting and Economics, 2005, 39: 411-436.

[164] Liu M. Managerial Operating Decisions over the Firm Life Cycle [R]. Pennsylvania State University, Working Paper, 2008.

[165] McAnally M L, Srivastava A, Weaver C D. Executive Stock Options, Missed Earnings Targets, and Earnings Management [J]. The Accounting Review, 2008, 83 (1): 185-216.

[166] McInnis, John. Earnings Smoothness, Average Returns, and Implied Cost of Equity Capital [J]. The Accounting Review, 2010, 85 (1): 315-341.

[167] McNichols, Maureen G. Peter Wilson. Evidence of Earnings Management from the Provision for Bad Debts [J]. Journal of Accounting Research, 1988, 26: 1-31.

[168] Mehran, Hamid. Executive compensation structure, ownership, and firm performance [J]. Journal of Financial Economics, 1995, 38 (2): 163 – 184.

[169] Merton, R. C. Theory of rational option pricing [J]. Bell Journal of Economics, 1973, 4: 141 – 183.

[170] Minnick K. The Role of Corporate Governance in the Write – off Decision [J]. Review of Financial Economics, 2011, 20 (4): 130 – 145.

[171] Murphy K. J. Executive Compensation. In: Ashenfleter, O., Card, D., (Eds.). Handbook of Labor Economics, 1999, 3, North – Holland, Amsterdam.

[172] Narayanan M. P., H. N. Seyhun. Do Managers Influence their Pay? Evidence from Stock Price Reversals around Executive Option Grants [R]. Working Paper, University of Michigan, Ann Arbor, 2005.

[173] Nikolaev V. Debt Covenants and Accounting Conservatism [J]. Journal of Accounting Research, 2010, 48: 51 – 89.

[174] Omesh K., Ryan, W.. Tournament incentives, firm risk, and corporate policies [J]. Journal of Financial Economics, 2012, 103: 350 – 376.

[175] Rajgopal S., Shevlin, T.. Empirical evidence on the relation between stock option compensation and risk taking [J]. Journal of Accounting and Economics, 2002, 33: 145 – 171.

[176] Ramalingegowda, Santhosh, Yong Yu. Institutional Ownership and Conservatism [J]. Journal of Accounting and Economics, 2012, 53 (1 – 2): 98 – 114.

[177] Ramanna K., R L. Watts. Evidence on the Use of Unverifiable Estimates in Required Goodwill Impairment [J]. Review of Ac-

counting Studies, 2012, 17 (4): 749 – 780.

[178] Rangan, Srinivasan. Earnings management and the performance of seasoned equity offerings [J]. Journal of Financial Economics, 1998, 50 (1): 101 – 122.

[179] Rees, Lynn, Susan Gill, Richard Gore. An Investigation of Asset Write – Downs and Concurrent Abnormal Accruals [J]. Journal of Accounting Research, 1996, 34: 157 – 169.

[180] Reidl E. J. An Examination of Long – Lived Asset Impairments [J]. The Accounting Review, 2004, 79 (3): 823 – 852.

[181] Ross S. Compensation, incentives, and the duality of risk aversion and riskiness [J]. Journal of Finance, 2004, 59: 207 – 225.

[182] Roychowdhury, Sugata, Ross L. Watts. Asymmetric Timeliness of Earnings, Market – to – Book and Conservatism in Fnancial Reporting [J]. Journal of Accounting and Economics, 2007, 44: 2 – 31.

[183] Roychowdhury, Sugata, Xiumin Martin. Understanding Discretion in Conservatism: An Alternative Viewpoint [J]. Journal of Accounting and Economics, 2013, 56 (2 – 3): 134 – 146.

[184] Smith, C, R. Stulz. The Determinants of Firms' Hedging Policies [J]. Journal of Financial and Quantitative Analysis, 1985, 20: 391 – 405.

[185] Smith, C., Watts, R. The investment opportunity set and corporate financing, dividends, and compensation policies [J]. Journal of Financial Economics, 1992, 32: 263 – 292.

[186] Strong, J., J. Meyer. Asset Write – downs: Managerial Incentives and Security Returns [J]. Journal of Finance, 1987, 42: 643 – 661.

[187] Subramanyam, K R. The Pricing of Discretionary Accruals

[J]. Journal of Accounting and Economics, 1996, 22 (3): 249 – 281.

[188] Tan, Liang. Creditor Control Rights, State of Nature Verification, and Financial Reporting Conservatism [J]. Journal of Accounting and Economics, 2013, 55 (1): 1 – 22.

[189] Teoh S H, Welch I, Wong T J. Earnings Management and the Long – Run Market Performance of Initial Public Offerings [J]. Journal of Finance, 1998, 53 (6): 1935 – 1974.

[190] Teoh, S., Welch, I., Wong, T.. Earnings management and the long – run underperformance of seasoned equity offerings [J]. Journal of Financial Economics, 1998, 50: 63 – 100.

[191] Todd, A. G, David A. M, Todd M. CEO Compensation and Responses to Risk: Evidence from a Natural Experiment [R]. Working paper, The Wharton School, University of Pennsylvania, 2011.

[192] Tucker, J, P. Zarowin. Does Income Smoothing Improve Earnings Informativeness [J]. The Accounting Review, 2006, 81 (1): 251 – 270.

[193] Tufano, P. Who Manages Risk? An Empirical Examination of Risk Management Practices in the Gold Mining Industry [J]. Journal of Finance, 1996, 51: 1097 – 1137.

[194] Warfield T D, Q. Cheng. Equity Incentives and Earnings Management [J]. The Accounting Review, 2005, 80 (2): 441 – 476.

[195] Warfield, Terry D., John J. Wild, Kenneth L. Wild. Managerial ownership, accounting choices, and informativeness of earnings [J]. Journal of Accounting and Economics, 1995, 20 (1): 61 – 91.

[196] Watts R L, Zimmerman J L. Towards a Positive Theory of the Determination of Accounting Standards [J]. The Accounting Review, 1978, 53 (1): 112 - 134.

[197] Watts, Ross L. Conservatism in Accounting Part I: Explanations and Implications [J]. Accounting Horizons, 2003, 17 (3): 207 - 221.

[198] Yermack D. Good Timing: CEO Stock Option Awards and Company News Announcements [J]. Journal of Finance, 1997, 52 (2): 449 - 476.

[199] Yermack D. Do Corporations Award CEO Stock Options Effectively [J]. Journal of Financial Economics, 1995, 39: 237 - 269.

[200] Zhang, Ran, Zhengfei Lu, Kangtao Ye. How do Firms React to the Prohibition of Long - lived Asset Impairment Reversals [J]. Evidence from China. Journal of Accounting & Public Policy, 2010, 29: 424 - 438.